Den Sociale Kontrakt

Principper for en retsstat

Rousseau

Den Sociale Kontrakt

Principper for en retsstat

Bog I og II

Oversættelse og redaktion: Ivar Lund Koed

Den sociale kontrakt, eller principper for en retsstat, Bog I og II
er udgivet af Modalitet ApS. Redaktion og oversættelse ved Ivar Lund Koed efter:
Jean-Jacques Rousseau *Du Contrat Social, ou, Principes du Droit Politique (1762), livres I et II* som gengivet i :
1) Classiques &CIE Philo, Collection dirigée par Laurence Hansen-Løve, Hatier, 2011
og
2) Les Classiques de la Philosophie, Le Livre de Poche, Avant-Propos, Commentaire et Notes par Gérard Mairet. E-bog fra Rakuten kobo, 2023

Tryk: Libri Plureos GmbH, Friedensallee 273, 22763 Hamburg
Forlag: BoD · Books on Demand GmbH, In de Tarpen 42, 22848 Norderstedt, Tyskland

ISBN: 978-87-4305-919-6

Omslagsdesign: Josephine Girardin Flindt
Forsiden er designet med udgangspunkt i et portræt af Jean-Jacques Rousseau malet af Maurice Quentin de La Tour, i 1753.

Indhold

Om bogen og oversættelsen

Denne bog er fra 1762, men indholdet er særdeles relevant for nutidens, samfundsmæssige spørgsmål.

Den franske filosof Jean-Jacques Rousseau beskriver, hvordan et samfund skal indrettes, så det er til gavn for alle. Hans ideer fik umiddelbart betydning for den forfatning, der blev vedtaget ved dannelsen af Amerikas forenede stater - USA- i 1787, og de udgjorde en del af det ideologiske grundlag for Den franske Revolution i årene umiddelbart efter.

Siden da har Rousseaus principper for retsstaten haft en væsentlig indflydelse på indholdet i de vestlige landes forfatninger.

Når Rousseaus ideer stadig har noget at tilbyde nutidens problemstillinger, hænger det måske sammen med hans filosofiske metode. I modsætning til de fleste samtidige filosoffer angreb han sit emne fra den teoretiske vinkel. Hvor f.eks. den franske filosof, Montesquieu, baserede sine ideer om magtens tredeling på faktiske observationer fra en række lande, tog Rousseau sit udgangspunkt i formålet med et samfund. Ud fra dette formål forsøgte han at finde svar på, hvordan samfundet skulle indrettes, hvilke problemer, det ville kunne møde, og hvilke mekanismer et velfungerende samfund må råde over, hvis det skal kunne overleve. Resultatet af hans overvejelser blev nogle grundlæggende principper, som ikke var bundet til samtiden.

Rousseau skrev den væsentligste del af sine bøger og artikler i perioden 1750-70, dvs. midt i den periode, vi kalder *Oplysningstiden*. Det var på det tidspunkt, at den *Store Franske Encyklopædi* udkom med bidrag fra en lang række samtidige, franske intellektuelle, herunder også Rousseau. Tidens videnskabsmænd havde normalt et bredt fagligt interessefelt, der omfattede områder, som vi i dag opfatter som helt forskellige og selvstændige, akademiske discipliner. Det gjaldt også Rousseau, som ikke blot beskæftigede sig med samfundsspørgsmål, men også er kendt og respekteret for de pædagogiske tanker, han bl. a. formidlede i *Émile ou de l'Education* (Emil – eller om Opdragelse). Han skrev også musikvidenskabelige bøger.

I oversættelsen har jeg tilstræbt at formulere den danske tekst så mundret, som muligt. Tekststykker med mange indskudte sætninger i den franske originaltekst er i en række tilfælde blevet brudt op i kortere sætninger eller præsenteret i en anden rækkefølge. Fagudtryk og anden terminologi med en begrænset udbredelse er søgt undgået.

De begreber Rousseau anvender i sin afhandling, tager udgangspunkt i den tids samfundsstruktur. En dansk oversættelse i 2024 må transformere begreberne til nogle, der dækker den samme ide i et samfund som vores. En sådan transformering er langt fra simpel eller entydigt. For selv om nogle af Rousseaus begreber, som f.eks. *stat, regering, borger og konge* er velkendte for nutidens danskere, forstås de ikke nødvendigvis på den måde, som forfatteren har tænkt det for næsten tre hundrede år siden.

I enkelte tilfælde er denne forskel så væsentlig, at en direkte oversættelse ville give for stor anledning til misforståelser. Dette gælder Rousseaus brug af ordet *le souverain,* som i direkte oversættelse bliver til *suverænen.* Her er det valgt ikke at anvende denne oversættelse, da navneordet *suverænen* ganske vist findes på dansk, men kun anvendes sjældent og da kun i helt specifikke betydninger.

Le souverain er oversat/erstattet med ordet *Den suveræne myndighed, Statsmyndigheden* eller blot *Myndigheden.*

Hvad angår de franske begreber, der er direkte oversat, må der henvises til de definitioner af begreberne, der fremgår af bogen selv. En del af disse har Rousseau samlet i slutningen af kapitel 6 i Bog I, side 28.

Ivar Lund Koed
cand.polit. (statsvidenskab) og cand. mag i fransk sprog og kultur

Den Sociale Kontrakt

eller
Principper for en Retsstat

Af Jean-Jacques Rousseau
borger i Geneve

fæderis oequas Dicamus leges. ÆNEID., XI
(lad os opfatte denne traktat som retfærdig. Æneiden, XI)

Forord.

Denne lille afhandling er et sammendrag af et større projekt, som jeg startede på for nogle år siden, men ikke fik gjort færdig, da det blev mere omfattende, end jeg havde forestillet mig, og mere krævende end jeg kunne overkomme. Jeg har nu i denne afhandling samlet de dele, som blev gjort færdig, og som jeg anser for de væsentligste. At afhandlingen, som er blevet resultatet, nu publiceres, kan måske kritiseres. Kritikken ville dog være adskilligt mere berettiget, hvis også resten af materialet var blevet det.

J.-J. R.

BOG I

Jeg vil undersøge, om der kan opstilles nogle legitime og sikre retningslinjer for indretningen af et samfund, der tager udgangspunkt i mennesket, som det er, og i lovene, som de kan være. I denne undersøgelse vil jeg hele tiden forsøge at sammenligne lovgivningens bestemmelser med de formål, lovene siger, de har. På den måde vil vurderingen af retssystemet altid baseres på, om det er til nytte for samfundet.

Jeg tager fat på emnet uden først at påvise, at der er tale om noget vigtigt. Man vil måske spørge, om jeg skriver om politik, fordi jeg opfatter mig selv som fyrste eller lovgiver. Til det er mit svar: ”Nej, tværtimod”. Det er fordi jeg *ikke* er fyrste eller lovgiver, at jeg gør det. Som konge eller lovgiver ville jeg ikke spilde min tid på at fortælle, hvad man skal gøre; jeg ville gøre det, eller jeg ville forholde mig tavs.

Som borger i en fri stat, har jeg part i statsmagten. Selv om min indflydelse er begrænset til stemmeretten, gør denne ret, at har jeg pligt til at sætte mig ind i sagerne. Mine undersøgelser af regeringsførelsen i forskellige lande og byer har heldigvis hver gang vist mig nye grunde til at holde af den, vi har her i landet!

Kapitel 1

BOG I's EMNE

Frit var mennesket, da det blev skabt, og nu er mennesker overalt lagt i lænker. Det gælder også dem, der føler sig som herrer over andre, bare fordi de har undgået at få en hårdere slavetilværelse end disse. Hvordan er denne forandring gået for sig? Jeg ved det ikke. Kan der være gode grunde til at forandringen er sket? Jeg tror, jeg kan finde et svar på dette spørgsmål.

Hvis magt, og den virkning den har, var det eneste, jeg tog i betragtning, kunne jeg sige: Hvis et folk adlyder i det omfang, det er blevet tvunget til det, så gør folket det rigtige. Hvis folket gør sig fri lige så snart, det har mulighed for det, så handler det endnu bedre; for folket må have samme ret til genvinde friheden, som andre havde til at fjerne den. Så enten er der et legitimt grundlag for at tage friheden tilbage, eller også var grundlaget ikke legitimt, da folkets frihed blev taget fra det. Men orden og ræson, der er et overordnet princip for al ret i samfundet, er ikke noget, naturen har skabt, så det må være skabt efter aftale eller i enighed. Vi må vide, hvad det er for nogle aftaler, det drejer det sig om. Inden vi kan det, må jeg først underbygge det, jeg lige har sagt.

Kapitel 2

OM DE OPRINDELIGE SAMFUND

Det ældste og det eneste samfund, der er skabt af naturen, er familien. Børnene er dog kun knyttet til deres forældre, så længe de har behov for dem for at kunne klare sig. Lige så snart dette behov forsvinder, opløses det bånd til familien, som naturen har skabt. Såvel børnene, der ikke længere skal adlyde forældrene, som forældrene, der er fri for at tage sig af børnenes tarv, er ikke længere afhængige af hinanden. I de tilfælde, hvor familien fortsætter med at være sammen, er det ikke bestemt af naturens love. Det er frivilligt, og sker kun, når der er enighed om det.

Denne gensidige frihed er en konsekvens af menneskets natur. Menneskets grundlæggende forpligtelse er at sikre sin egen overlevelse. Først og fremmest må det sørge godt for sig selv. Lige så snart mennesket bliver voksen, og dermed selv er i stand til at afgøre, hvad der skal til for at opretholde livet, bliver det sin egen herre.

Familien er således, kan man sige, den oprindelige model for det civiliserede samfund. Lederen repræsenteres af forældrene og folket af børnene, og da alle er født lige og frie, opgiver de kun friheden i det omfang, de ser en interesse i det. Den eneste forskel er, at i familien er det forældrenes kærlighed til børnene, der er den betaling, de får for at forsørge børnene, mens den betaling statens ledere får, ikke er en kærlighed til folket - som de ikke har-, men glæden ved at bestemme.

Grotius benægter, at den magt, som et menneske har fået tildelt, skal være til gavn for de mennesker, der er underlagt den. Han henviser til slaverne som eksempel. I sine ræsonnementer bygger han definitionen af ret i et samfund på de faktiske forhold i landet[1]. "Ret" kunne defineres mere meningsfuldt, men ikke på en måde, der ville være mere til gunst for diktatorer.

---

[1] "Vise studier af den offentlige ret er ofte kun historier om I tiders ulovligheder; og man bliver svimmel og dårlig, når man gør sig den ulejlighed at læse dem grundigt" (*Manuskript til afhandling om Frankrigs interesser i forholdet til dets naboer,* af M. le marquis d'Argenson). Dette var præcist det, som Grotius gjorde.

Det kan altså diskuteres, mener Grotius, om menneskeheden tilhører nogle få hundrede mænd, eller om disse hundrede mænd tilhører menneskeheden som sådan, og i hele sin bog ser det ud til, at Grotius hælder mod den første opfattelse. Det samme gør Hobbes. Så, med et fingerknips, inddeles menneskeheden i flokke af kvæg, hver med sin leder, der beskytter dem for senere at kunne fortære dem.

Ligesom hyrden er af en overordnet natur i forhold til sin flok, er præsterne af en overordnet natur i forhold til deres menighed. Det var sådan kejser Caligula ræsonnerede, har Filon fortalt, og med denne analogi konkluderede kejseren ganske dygtigt, at kongerne var guder; for ellers ville folket jo være kvæg.

Caligulas ræsonnement går igen hos Hobbes og Grotius. Før dem alle havde Aristoteles også sagt, at menneskene på ingen måde er lige fra naturens side, men at nogle er født til slaveri og andre til at herske.

Aristoteles havde ret, men han forvekslede årsag med virkning. Alle mennesker, som er født i slaveri, føder til slaveri, intet er mere sikkert. Slaverne mister alt, når de er i lænker, selv lysten til at blive fri. De holder af at stå til tjeneste, lige som Ulysses' følgesvende var stolte af deres rå brutalitet[2]. Hvis der altså er slaver af natur, er det fordi, de er blevet slaver mod naturens orden. De stærke har skabt de første slaver, og deres ondskab har sørget for, at de blev ved med at være det.

Jeg har ikke nævnt noget om kong Adam, ej heller om kejser Noah, faderen til de tre store monarker, der, ligesom Saturns børn, delte universet mellem sig, en deling som man mente kunne anerkendes. Jeg håber, at man vil være mig taknemmelig for, at jeg har ladet

---

[2] Se en lille afhandling af Plutark med titlen *Når tosserne ræsonnerer.*

disse ting ligge. For hvis ikke, kunne det måske vise sig, at jeg, efter en nærmere undersøgelse, ved at stamme direkte fra en af disse fyrster og måske endda fra den ældstes gren, måtte se mig selv som menneskeslægtens legitime konge. Uanset hvad, kan man ikke være uenig i, at Adam har været konge over hele jorden, som Robinson var det over sin ø, i og med at han var den eneste beboer, og at der var det gode ved dette imperium, at kongen sad sikkert på sin trone, han havde intet at frygte, hverken oprørere, krige eller sammensværgelser.

Kapitel 3

OM DEN STÆRKESTES RET

Den stærkeste er aldrig så stærk, at han kan forblive herre, medmindre han bruger sin styrke til at fastlægge retsreglerne og til at gøre lydighed til en pligt. Deraf udtrykket "den stærkestes ret". "Ret", tilsyneladende ment ironisk, men i praksis fastsat som et princip. Men hvorfor forklarer man os aldrig, hvad dette ord betyder? Styrke er en fysisk magt. Jeg kan ikke se, hvordan det resultat, denne fysiske magt medfører, kan tillægges nogen moralsk status. At give efter for magt gør man, fordi man ikke kan gøre andet, det er ikke fordi det er noget man vil; det er først og fremmest noget, man gør for at passe på sig selv. Hvordan skulle det dog kunne opfattes som en pligt?

Lad os et øjeblik antage, at den såkaldte pligt gør sig gældende. Jeg vil hævde, at det vil føre til det rene, uforklarlige galimatias. For i samme øjeblik det er den stærke, der bestemmer, hvad der er ret, ændrer retten sig alt efter omstændighederne, og enhver magt, der vinder over den hidtidige, fastsætter *sin* ret. Lige så snart man kan lade være med at adlyde uden at blive straffet, er det legitimt at gøre det, og da den stærkeste altid har ret, går det blot ud på at sørge for, at man bliver den stærkeste. Men hvad er det for en ret, der mister betydning, når magten svækkes? Selv om man skal adlyde under tvang, behøver man ikke at adlyde som en pligt, og hvis man ikke længere er tvunget til at adlyde, er det ikke nødvendigt at gøre det. Det ses således, at ordet ”ret” ikke ændrer ved det forhold, at magt er magt; brugen af ordet ”ret”, gør hverken fra eller til.

Adlyd dem, der har magten! Hvis dette vil sige: ”Du skal bøje dig for den stærke”, er det en nyttig, men overflødig læresætning. Jeg vil påstå, den aldrig vil blive overtrådt. At al magt kommer fra Gud, det må jeg indrømme; men det gør også al sygdom. Vil det sige, at det er forbudt at sende bud efter lægen? Eller hvis en røver overrasker mig i udkanten af en skov, skal jeg så give ham min pung, ikke blot fordi han tvinger mig til det, men betyder den læresætning, at al magt kommer fra Gud også, at selv hvis jeg fik lejlighed til at tage pungen fra ham igen, så måtte jeg give den tilbage af samvittighedsgrunde. For den pistol, røveren holder, er jo også udtryk for denne Guds magt.

Lad os da være enige om, at styrke ikke afgør, hvad der er ret, og at man kun har pligt til at adlyde magthavere, der er det legitimt. Mit oprindelige spørgsmål vender således hele tiden tilbage.

Kapitel 4

OM SLAVERI

Da intet menneske fra naturens side har ret til at bestemme over sine medmennesker, og da styrke ikke skaber ret, er det eneste, der kan legitimere, at et menneske kan bestemme over et andet, at det er sket efter en gensidig aftale.

Grotius har sagt, at hvis en person kan afstå sin frihed og gøre sig til slave for en herre, hvorfor skulle så ikke et helt folk kunne gøre det og underordne sig en konge? I dette citat er der en del tvetydige ord, som kan have behov for en forklaring, men lad os nøjes med ordet ”afstå”. At afstå kan enten betyde at forære eller at sælge. Men en mand, som gør sig til slave for en anden, giver ikke en gave, han sælger sig selv, mere eller mindre for at overleve. Men et folk, hvad skulle det få ud af at sælge sig selv? En konge sørger ikke for sine undersåtters forsørgelse, tværtimod skaffer han sit eget underhold fra dem, og så vidt Rabelais, er kongens levefod ikke just beskeden. Undersåtterne skulle altså forære sig selv på den betingelse, at man også skaffer dem af med det, de ejer? Jeg kan ikke se, hvad de har tilbage at bevare.

Man siger, at med en diktator kan undersåtterne regne med ro og orden i landet. Det kan vel være. Men hvad vinder de ved det, hvis de krige, som hans ambitioner påfører dem, ødelægger deres tilværelse mere, end ballade og stridigheder mellem landets borgere ville have gjort det. Det samme kan siges om diktatorens umættelige grådighed og hans ministres magtmisbrug? Hvad vinder undersåtterne, hvis den ro og orden, som diktatoren påtvinger, i sig selv er en af deres dårligdomme? Man har også et roligt liv i fængslet; men er det nok til, at man har det godt? De grækere, der var lukket inde i Kyklopens hule, levede der i fred og ro, mens de ventede på at tiden kom, hvor de skulle ædes.

At et menneske gratis skulle give sig selv væk, det er absurd og utænkeligt. En sådan handling er imod al ret, det er en nullitet uden retsvirkning, alene derved, at den som gør det, ikke er ved sine fulde fem. At sige det samme om et helt folk, det er at gå ud fra, at et helt folk er tosset; og vanvid er ikke et grundlag, ret kan baseres på.

Selv om den enkelte vil kunne afhænde sin egen frihed, kan han ikke afhænde sine børns; de fødes som mennesker og som frie; deres frihed tilhører dem selv, ingen andre end de selv har ret til at råde over deres frihed. Indtil børn har nået myndighedsalderen, kan forældrene, i børnenes navn, fastsætte deres levevilkår og velfærd; men de kan ikke give dem væk, uopretteligt og betingelsesløst; for en sådan donation er i modstrid med naturens mening og overskrider forældreretten. Hver generation må derfor selv tage beslutning, om det vil respektere eller forkaste et regime, der ikke har nogen anden legitimitet: men når beslutningen er taget, ligger det fast om regeringen har legitimitet, eller om den ikke har det.

At give afkald på sin frihed betyder, at man opgiver sin identitet som menneske, sine menneskerettigheder og såmænd også sine pligter som menneske. Der er ingen som helst mulighed for at genoprette skaden for dem, der har frasagt sig alt. At frasige sig sin egen frihed er imod den menneskelige natur; og at fjerne menneskets frihed til at tage beslutninger fjerner også alle etiske krav til dets handlinger. Kort sagt, en aftale mellem to parter, som fastsætter, at den ene får uindskrænket bestemmelsesret, og den anden pligt til uden begrænsning at adlyde, kan ikke betragtes som en aftale; den har ingen mening. Det må være klart for enhver, at den, der kan kræve hvad som helst af en anden, ikke går op i at gøre noget for denne. Ensidige bestemmelser som disse, uden modstykke, uden genydelse, gør, at aftalen må betragtes som en nullitet. For hvilke rettigheder skulle min slave kunne have i forhold til mig, når alt, det han ejer, tilhører mig, også hans rettigheder over for mig. At jeg skulle eje hans rettighederne i forhold til mig selv, giver heller ikke nogen som helst mening.

Grotius og de andre henviser til krigen som en anden årsag til den påståede ret til slaveri. Sejrherren har, ifølge dem, ret til at dræbe den overvundne, men denne vil kunne købe sit liv tilbage ved at opgive sin frihed. Aftalens legitimitet skulle således være bekræftet af, at den er til fordel for dem begge.

Men det er indlysende, at en krig ikke på nogen måde giver ret til at dræbe de overvundne, som det påstås. Det viser alene det forhold, at soldaterne under en krig ikke har noget personligt fjendskab. Det er mænd, der ikke har noget personligt afhængighedsforhold til hinanden; deres relationer er så kortvarige, at der hverken er tale om krigstilstand eller fred. Det er forholdet mellem ting og ikke forholdet mellem mennesker, der skaber krigen, og i og med at krigstilstanden ikke kan skabe personlige relationer mellem mennesker, men kun forhold mellem reale værdier, kan krige mellem private eller krige mand mod mand ikke eksistere. Det gælder både i naturtilstanden, hvor der ikke er noget fast ejerskab til ting, og i civiliserede samfund, hvor ejerskabet er underlagt lovgivning.

Kampe mellem enkeltpersoner, dueller, sammenstød, er noget, som falder uden for statsbegrebet. De private krige var et misbrug af de beføjelser, der var delegeret til lensstyret, dette absurde system, der aldrig skulle have eksisteret. De private krige, der blev tilladt af den franske kong Ludvig IX's statsapparat, men senere suspenderet, er i modstrid med naturrettens principper og al god statsskik.

Krigen er således ikke et mand-til-mand forhold, men et forhold mellem stater. I en krig er privatpersoner kun fjender på grund af omstændighederne. De er det ikke som mennesker, end ikke som borgere[3], men som soldater. De er det ikke som indbyggere i et

---

[3] Romerne, som har forstået og respekteret krigsretten bedre end nogen anden nation i verden, var så langt i deres anfægtelser, hvad dette angår, at det ikke var tilladt en borger at gøre tjeneste som frivillig uden at denne klart og tydeligt havde meldt sig til tjeneste mod fjenden, og måske endda - mod denne navngivne fjende. Da et gendarmeriregiment, hvor Caton den yngre gjorde sin første tjeneste under Popilius, var blevet omorganiseret, skrev Caron den ældre til Popilius, at hvis denne gerne ville have, at sønnen fortsatte tjenesten under ham, så måtte han bede sønnen om en ny militær troskabsed, da den første ikke

fædreland, men som dets forsvarere. Kort sagt, en stat kan kun være i krig med en anden stat, ikke med dets folk; for der kan ikke være nogen ægte relation mellem to ting af en forskellig natur.

Dette princip er da også helt på linje med almindelige grundsætninger gennem tiderne og med den etablerede praksis for alle civilisationer. Krigserklæringer er ikke så meget meldinger til andre magter, som de er til undersåtterne i disse lande. En fremmed, det være sig en konge, en privatperson eller et folk, som stjæler, dræber eller tilfangetager den almindelige borger i et andet land uden at have erklæret krig over for landets leder, er ikke en fjende, det er en forbryder. Mens der er krig, kan en retskaffen konge godt tilegne sig de aktiver, som den fjendtlige stat råder over, men han respekterer de civile og den enkelte borgers ejendom. Han respekterer de samme rettigheder, som dem hans egne borgere har. Da krigens mål er at ødelægge den fjendtlige stat, har man retten til at dræbe de soldater, der med våben i hånd forsvarer fjenden; men så snart soldaterne nedlægger våbnene og overgiver sig, og dermed ophører med at være fjender eller fjendens redskaber, bliver disse igen blot mennesker, og man har ikke længere retten over deres liv. Undertiden kan man tage livet af en stat uden at tage livet af en eneste af dens borgere. Men krigen giver ikke ret til at gøre noget, der ikke er nødvendigt for at opnå krigens formål. Disse principper

---

gjaldt mere. Hvis ikke, kunne han ikke bære våben mod fjenden. Og den samme Caton skrev til sin søn om ikke at deltage i kampen, før han havde svoret en ny ed. Jeg ved, man vil kunne være uenig i min præsentation af Clusiums belejring og andre faktiske forhold, men det, jeg gør, er kun at referere til love og sædvaner. Romerne er det folk, som sjældnest har overtrådt deres love; og det er det folk, hvis love har nærmet sig perfektionen. (Denne note var med i 1782 – udgaven)

er ikke Grotius' principper; de er ikke bygget på en digters autoritet, men er udledt af praksis og er baseret på fornuften.

Hvad angår retten til det besejrede, er der ikke andet grundlag end det, at man er den stærkeste. Da krigen ikke giver sejrherren en ret til at dræbe folkene i det besejrede land, kan denne ret, som sejrherren ikke har, ikke bruges som begrundelse for at gøre soldaterne til slaver. Man har kun ret til at dræbe fjenden, mens der er krig, det vil sige på et tidspunkt, hvor man ikke kan gøre dem til slaver. Retten til at slavebinde kan derfor ikke afledes af en ret til at dræbe. Der er således tale om en urimelig handel, hvor et menneske skal sælge sin frihed for at købe det liv, som ingen har retten til at tage. Ved at argumentere for retten over liv og død med ens ret til at slaveri, og argumentere for retten til at slavebinde med ens ret over liv og død, er det vist ganske tydeligt, at man ender i en cirkelslutning.

Selv om denne ret til at dræbe faktisk fandtes, vil jeg sige, at en slave, der er blevet det under en krig, eller indbyggerne i et land, der er blevet besejret, ikke er forpligtet til noget som helst over for deres herre. Det eneste de, der er blevet slaver, skal gøre, er at adlyde i det omfang, de bliver tvunget til det. Sejrherren har på ingen måde været nådig over for soldaten ved at gøre ham til slave. Han har taget noget fra soldaten, der har samme værdi som hans liv, og i stedet for at dræbe soldaten uden at få noget ud af det, har sejrherren taget hans liv til ejendom og fået nytte af det. Sejrherren har således ikke opnået nogen autoritet ud over, hvad hans styrke giver ham, så relationen mellem sejrherren og den besejrede er, som den var under krigen; krigstilstanden er opretholdt, og slaveforholdet er i sig selv et resultat heraf, og når krigsretten gælder, er der ikke brug for en fredsaftale. Når den alligevel indgås, afslutter den ikke krigstilstanden. Den skaber tværtimod grundlaget for, at krigstilstanden fortsætter.

Det viser sig således, at uanset fra hvilken vinkel man betragter det, er retten til slaveri en nullitet. Det er den ikke blot, fordi den er illegitim, men også fordi den er absurd og intetsigende. Disse to ord, *slaveri*, og *ret*, er modstridende. De udelukker hver for sig hinanden. Hvad enten det drejer sig om et menneske over for et andet, eller et menneske over for et folk, er denne snak uden mening. *Jeg indgår en aftale med dig, hvor du bærer hele byrden, og jeg høster al frugten. Jeg overholder aftalen, når det passer mig, og hvordan du skal overholde den, er noget jeg bestemmer.*

Kapitel 5

MAN SKAL ALTID KUNNE REFERERE TILBAGE TIL EN FØRSTE AFTALE

Hvis jeg erklærede mig enig i alt det, jeg ind til nu har tilbagevist, ville det være mere samfundsskadeligt, end at opfordre til diktatur. Der vil altid være stor forskel på at underlægge sig masserne og at blive leder af et samfund. Når mennesker, der er fremmede for hinanden, individuelt underkaster sig et enkelt menneske, så ser jeg det som en herre og hans slaver, uanset hvor mange de så end er. Det jeg ser, er på ingen måde et folk og dets leder. Det, der åbenbart er vigtigt, er at være mange. Det vigtige er ikke at knytte gruppen sammen. Der er hverken fælles ejendomme eller institutioner. Selv om dette menneske så havde underlagt sig den halve verden, ville han stadigvæk kun være en privatperson. De interesser, der driver ham, er helt hans egne, uden nogen sammenhæng med andres. Det er stadigvæk kun en enkeltpersons interesser. Hvis selvsamme menneske dør, vil det imperium, han efterlader sig, stå tilbage, spredt og uden noget, der knytter det sammen. Det vil få samme skæbne som et egetræ, der fortæres af ilden. Det falder til jorden i en askebunke.

Et folk, siger Grotius, kan overdrage sig selv til en konge. Efter hans opfattelse er folket således et folk, før det beslutter at underlægge sig en konge. Denne donation er i sig selv en retsakt, der forudsætter en offentlig beslutning. Inden det undersøges, hvad det er for en retshandling, der fører til valget af en konge, vil det kunne være nyttigt at undersøge, hvad det er for en handling, der gør et folk til et folk. Denne begivenhed, der nødvendigvis må ligge før den anden, udgør samfundets sande fundament.

Hvis det viser sig, at der ikke før kongevalget har ligget en aftale om at være et folk, hvor ville så egentlig mindretallets forpligtigelse være til at underordne sig det kongevalg, som flertallet havde besluttet. Hvorfra kommer de hundredes ret til at stemme på én konge på vegne af de ti, som vil have en anden? Loven om flertallets ret er i sig selv en aftale, og den må mindst én gang være blevet indgået i enighed.

Kapitel 6

OM SAMFUNDSPAGTEN

Jeg tager i det følgende afsæt i det stadium af menneslægtens udvikling, hvor de besværligheder, som naturen skaber, er blevet så store og vedholdende, at de overstiger de kræfter, som det enkelte individ kan sætte ind. Livet som naturmenneske kan derfor ikke fortsætte, og menneskearten ville gå til grunde, hvis den ikke ændrede sin måde at leve på.

Menneskene har ikke enkeltvis mulighed for at blive stærkere, men de kan slå kræfterne sammen med andre og anvende den styrke, de tilsammen har. Denne mulighed er den eneste, mennesket har for at overleve. For at overvinde den modstand, som naturen konfronterer dem med, må de lægge de enkelte menneskers kræfter sammen, og tage dem i brug på en koordineret måde og med et fælles mål.

Denne sum af menneskelig styrke kan kun skabes, når et større antal mennesker ønsker at medvirke. Men da styrke og frihed er menneskets vigtigste grundlag for at sikre sin egen overlevelse, hvordan kan den enkelte så indskyde sin egen styrke i en fælles styrke uden at skade sig selv, og uden at negligere sine egne behov? Dette spørgsmål, som bringer os tilbage til emnet for mit projekt, kan formuleres på denne måde:

"Hvorledes kan vi finde frem til en form for sammenslutning, som med al sin fælles kraft forsvarer og beskytter sine medlemmer og disses aktiver, og som danner rammen for, at den enkelte slår sig sammen med alle de andre og alligevel kun adlyder sig selv og forbliver lige så fri som førhen?" Det er dette fundamentale spørgsmål, som den sociale kontrakt giver svaret på.

Den sociale kontrakts betingelser er så tæt knyttet til den karakter, sammenslutningen har, at selv den mindste afvigelse kan fjerne bestemmelsernes mening og gøre dem virkningsløse. Dette skal forstås på den måde, at selv om kontraktens bestemmelser måske ikke nogensinde er blevet formelt udtrykt, er de ens overalt og stiltiende forstået og anerkendt. Dette gælder, så længe de ikke bliver krænket. Hvis dette sker, søger den enkelte tilbage til sine oprindelige rettigheder og genoptager sit frie liv i naturtilstanden og fraskriver sig derved samtidig den frihed, som den sociale kontrakt har givet.

Vilkårene i den sociale kontrakt kan samles i få sætninger: Alle, der indgår i den sociale kontrakt, skal overdrage sig selv og alle sine rettigheder til hele fællesskabet. For når alle medlemmer fuldt og helt afstår alt, er betingelsen lige for alle, og i og med at betingelsen er lige for alle, har ingen interesse i at gøre den byrdefuld for de andre.

Herudover betyder en afståelse af rettigheder, der er uden forbehold, at fællesskabet er så fuldstændigt, som det kan blive, og ingen medlemmer har mulighed for at kræve mere. For hvis der stadig var personer, der havde individuelle rettigheder, ville disse ligge uden for fællesskabets rammer. Der ville så ikke være nogen instans, som kunne dømme i tvister mellem fællesskabet og den pågældende. Denne ville så på de undtagne punkter være sin egen dommer og derfor meget snart hævde at være det generelt. Hermed ville mennesket være tilbage i naturtilstanden, og det samfund, der var skabt, ville have valget mellem at blive et diktatur eller miste sin mening.

Som den sidste konsekvens kan nævnes, at ved at overdrage sig selv til alle, gør man det ikke til nogen. Der er således ikke nogen enkeltperson, der opnår rettigheder over andre uden samtidig at afgive tilsvarende rettigheder til andre. Det vil sige, at man får lige så meget igen, som man afgiver, og oveni får man større styrke til rådighed, så man kan bevare, det man har.

Så hvis man ser bort fra detaljerne et øjeblik, vil man kunne se, at den sociale kontrakt i koncentreret form kan udtrykkes således: *Hver af os overdrager sig selv og sine aktiver til det overordnede fællesskab, som styres af den fælles vilje. I denne sammenslutning optages hvert medlem, som en del af det udelelige hele.*

I samme øjeblik sammenslutningen dannes, erstattes den enkelte privatperson som aftalepart af en kollektiv, juridisk person, som består af lige så mange medlemmer, som der er hoveder, og som samtidig opnår sin enhed, sit fælles *jeg,* sin eksistens og sin vilje. Denne offentligretlige enhed, som således dannes ved en forening af alle, gav man i tidligere tider betegnelsen *bystat*[4] og kalder nu *republik* eller *det offentlige*. Medlemmerne kalder den, *staten,* når den er passiv, *myndigheden,* når den agerer og *statsmagten*, når den omtales i sammenhæng med tilsvarende magter. Hvad angår medlemmerne, hedder de kollektivt *folket.* Som enkeltpersoner hedder de *borgere,* når det er i deres egenskab af parthavere i den suveræne myndighed, og *undersåtter* når aspektet er, at de er underlagt statens love. Men disse betegnelser blandes og forveksles ofte; det er nok at kunne adskille begreberne, når man har behov for den helt præcise definition af dem.

[4] Den sande betydning af dette ord er næsten fuldstændigt glemt i dag. De fleste opfatter en by som en stad og en bybo som en borger. De ved ikke, at det er husene, der gør en by til en by, men borgerne der skaber en stad. Det var samme fejl, der i sin tid kostede kartagenserne dyrt. Jeg er ikke nogensinde under i mine studier stødt på tilfælde, hvor en fyrste har givet undersåtterne betegnelsen *Cives (*lat. borger) end ikke tilbage hos makedonerne, eller hos englænderne i dag, selv om de har mere frihed end nogen andre. Franskmænd kalder sig uden videre *borger,* for de har ingen nærmere ide om, hvad dette er, hvilket også fremgår af deres ordbøger. Og da ingen kender det egentlige indhold af ordet, udsætter man sig ikke for straf på grund af majestætsfornærmelse ved at kalde sig det. *Borger* er for dem et udtryk for særlige dyder, og ikke for rettigheder. Når Bodin har ønsket at tale om borgere og bourgeoisi, har han dummet sig ved at bruge betegnelserne i flæng. M. d'Alembert har i sin artikel *Genève* ikke gjort samme fejl; han har klart skelnet mellem de fire forskellige kategorier af mennesker i vores by (endog fem, når man medregner udlændige), og hvoraf kun de to indeholdes i begrebet staten. Ingen anden fransk forfatter har, så vidt jeg ved, været klar over den sande betydning af betegnelsen *borger*.

Kapitel 7

OM DEN SUVERÆNE MYNDIGHED

Når sammenslutningen er etableret efter den beskrevne model, vil der være skabt en gensidig forpligtelse mellem det offentlige og den enkelte, så hvert individ, i en vis forstand, indgår kontrakt med sig selv. Det bringer det enkelte menneske i en dobbelt relation: på den ene side har det som medlem af den suveræne myndighed en relation til undersåtterne, og på den anden side er det selv undersåt i forhold til denne statslige myndighed. Trods denne dobbelte relation vil den borgerlige rets grundsætning, om at man ikke er forpligtet i aftaler, man har indgået med sig selv, ikke gælde her. For der er en væsentlig forskel på at forpligte sig i sager mod sig selv, og at gøre det i sager mod den gruppe, man tilhører.

En politisk beslutning kan forpligte alle undersåtter over for statsmyndigheden, men det skal understreges, at ingen politisk beslutning kan forpligte myndigheden over for sig selv. For den enkelte person, har en forskellig relation til beslutningen alt efter om vedkommende ses i rollen som del af myndigheden eller i rollen som undersåt. I konsekvens heraf er det mod det offentliges natur, at den suveræne myndighed pålægger sig selv en lov, som den er bundet af. I og med at myndigheden kun kan se sig selv ud fra et og samme perspektiv, er den således i samme situation som en privatperson, der indgår en kontrakt med sig selv. Det indebærer, at den suveræne myndighed ikke kan vedtage love, som folket som gruppe skal rette sig efter, end ikke den sociale kontrakt.

Dette betyder dog ikke, at folket som gruppe er forhindret i at forpligte sig over for en medborger. Det kan det, så længe det ikke er i strid med den sociale kontrakt; for set udefra vil folket, i rollen som statsmyndighed, blive opfattet som en enkeltperson, som et individ.

Men da det offentlige, myndigheden, kun eksisterer i kraft af den sociale kontrakts overordnede status, kan den aldrig forpligte sig på en måde, der strider mod denne grundlæggende kontrakt, end ikke over for en medborger. Statsmyndigheden kan derfor, for eksempel, ikke overdrage nogen del af sig selv til en enkeltperson eller til en anden statsmagt. At forbryde sig mod den lov, som er grundlaget for ens eksistens, ville være at udslette sig selv, og den der intet er, kan intet skabe.

Fra det øjeblik de mange mennesker er forenet i en fælles enhed, som just beskrevet, kan man ikke krænke et af dets medlemmer, uden at det samtidig opfattes som et angreb på helheden; endnu mindre kan man krænke helheden, uden at det angår alle de enkelte medlemmer. Af denne grund er det såvel pligten, som en fælles interesse, der får kontraktens parter til at samarbejde, og de bør gøre det på en måde, der udnytter alle de fordele, som samarbejdet skaber mulighed for.

Da den suveræne myndighed imidlertid kun består af de enkeltpersoner, der har sammensat den, har den ikke, og kan ikke have, nogle interesser, der er i modstrid med dem, som medlemmerne har som gruppe. Deraf følger, at der ikke er behov for at staten giver undersåtter garantier, for staten kan umuligt ville gøre undersåtterne under ét fortræd; og vi vil senere se, at myndigheden heller ikke kan have til hensigt at skade den enkelte person. Myndigheden er derved, alene ved at være sig selv, altid, som den bør være.

Men sådan er det ikke med undersåtternes forhold til staten. At borgere og stat har fælles interesser, betyder ikke i sig selv, at staten kan regne med, at borgerne som enkeltpersoner vil opfylde deres forpligtelser. Her må staten have magtmidler, der kan sikre den enkeltes loyalitet.

Det enkelte individ kan, som privatperson, ønske at gøre noget, som er i modsætning til eller uforeneligt med det, som individet, som samfundsborger, ønsker skal ske. Individets interesser som privatperson kan være nogle helt andre end fællesskabets. Den enkeltes uindskrænkede, og af natur, uafhængige eksistens, kan give vedkommende en opfattelse af, at de goder, som fællesskabet har givet ham, er gratis, og at udgifterne er lettere at bære for andre, end de er for ham selv. Og når han desuden opfatter den juridiske person, staten, som en abstraktion, fordi det ikke er et menneske, nyder han sine borgerrettigheder uden at ville påtage sig pligterne. Et sådant misbrug vil, hvis det får lov at udvikle sig, kunne ruinere det offentlige.

Så for at samfundspagten ikke skal ende med at være et begreb uden reelt indhold, er det underforstået, at medlemskab kun omfatter dem, der kan give andre styrke, og at den, der nægter at rette sig efter helhedens vilje, bliver udelukket fra at være en del af pagten. Det betyder såmænd kun, at man tvinger dette medlem til at blive et frit menneske. For borgernes bidrag er en forudsætning for, at alle borgere i landet har en sikker ejendomsret, at de politiske organer fungerer, og at civile aftaler har retskraft. Uden denne retskraft ville aftaler være meningsløse, vilkårlige og udsætte jævne mennesker for hæmningsløse bedrag.

Kapitel 8

DET CIVILISEREDE MENNESKE

Overgangen fra naturtilstand til civilisation skaber store forandringer i det enkelte menneske. I stedet for intuition skal dets handlinger styres af landets love og af en personlig moral, det ikke havde før. Det var derfor først fra dette tidspunkt, at pligtens kald fik forrang for den fysiske impuls og appetittens krav. Mennesket, som indtil da kun havde taget hensyn til sig selv, så sig nødsaget til at handle efter andre principper og til at konsultere fornuften fremfor lysten. Selv om mennesket i denne nye livssituation måtte give afkald på adskillige fordele, som naturen havde givet ham, får det mere igen; evner udnyttes og udvikles, følelserne forædles, sjælen løftes til et niveau, der er så højt, at mennesket uden ophør burde velsigne dette lykkelige øjeblik: det blev for altid revet ud af naturtilstanden og derved forandret fra et indskrænket og dumt dyr til et intelligensvæsen, til et menneske. Så taknemmelige var ikke alle. En del mennesker misbrugte og udnyttede det nye liv på en måde, så de fik det ringere end før.

Lad os forenkle denne afvejning af civilisation og naturtilstand til nogle letforståelige formuleringer. Den sociale kontrakt indebærer, at mennesket mister friheden som naturmenneske og dermed dets ubegrænsede ret til alt, hvad det har lyst til, og som det kan få fat i. Det som mennesket vinder, er friheden i et samfund, der er baseret på ret, og som sikrer ejerskabet til det, vedkommende besidder. For nu ikke at misforstå rækkevidden af disse ændringer, er det nødvendigt at skelne mellem friheden i naturtilstanden, som kun er begrænset af den enkeltes styrke, og friheden i en retsstat, som er begrænset af, hvad der er den fælles interesse. Det er også nødvendigt at skelne mellem ejerskabet i naturtilstanden, der alene afhænger af styrke og af at være kommet først, og ejendomsretten i civilisationen, der kun eksisterer, hvis man har et gyldigt skøde på det.

Oven i det, der allerede er sagt om civilisationens fordele, vil man kunne tilføje den frihed, moralen skaber. Den frihed, er det eneste, der for alvor gør mennesket til herre over sig selv. For hvis lysten er det eneste, der driver én, svarer det til slaveri. Den lydighed over for loven, som man pålægger sig selv, skaber frihed. Men jeg har allerede sagt for meget om dette punkt, og den filosofiske betydning af ordet *frihed* er ikke mit emne her.

Kapitel 9

OM FAST EJENDOM

Når et samfund dannes, overdrager ethvert medlem samtidig sig selv, sine kræfter, og det han ejer, til fællesskabet. Det skal ikke forstås sådan, at denne handling, hvor ejerskabet skifter hænder, ændrer ejerskabets natur, og at aktiverne bliver statens ejendom. Men ligesom en bystats styrke er uendeligt meget større end det enkelte menneskes, er fællesskabets det også. Fællesskabets ejerskab er stærkere og vanskeligere at omstøde. Set ud fra borgernes perspektiv er det fællesskabet, der styrer alle deres aktiver i kraft af den sociale kontrakt, og dermed med sin styrke sikrer grundlaget for alle rettigheder. Statens ejerskab er det ikke retligt, i hvert fald ikke set udefra. Fra andre landes synsvinkel er ejendomsretten alene defineret som den første ejers, hvormed menes den enkelte privatperson.

Den første ejers ret er i praksis mere reel end den stærkestes ret. Men en sand ret opnår denne først, når ejendomsretten er stadfæstet. Alle mennesker har en naturlig ret til alt det, som er nødvendigt for vedkommende; men den aktive handling, der gør et menneske til ejer af visse aktiver, fratager samtidig denne retten til alle øvrige. Når andelen er fastsat, må vedkommende holde sig til det og har ikke i samfundet nogen yderligere ret. Det er dette forhold, der kan forklare, hvorfor den første ejers ret, der er så svag i naturtilstanden, bliver respekteret af alle mennesker i civiliserede samfund. I den borgerlige ret er det ikke så meget andres ret, man respekterer, som at ejerskabet ikke er ens eget.

For at den første ejers ret skal kunne legaliseres, gælder der almindeligvis følgende betingelser:

Den første er, at det pågældende jordstykke ikke er beboet endnu; den anden, at man ikke råder over mere, end man behøver for at kunne eksistere. Den tredje betingelse er, at man tager jordstykket i brug, ikke ved en tom markering, men ved at arbejde med og opdyrke jorden, hvilket også er det eneste tegn på ejerskab, der vil blive respekteret af andre mennesker, når den juridiske adkomst ikke er på plads.

At bruge behovet og arbejdet som målestok for, om et menneske har ejendomsret i sin egenskab af første ejer, er vel det længste man kan strække denne ret? Kan man undvære sådanne forudsætninger for ejendomsret? Er det tilstrækkeligt at sætte foden på et stykke jord i det fælles ejede for at kunne kalde sig herre over det? Er det nok at være den stærkeste lige nu og her, for at opnå en ejendomsret nu og i al fremtid, og derved forhindre, at andre mennesker kan få del i rettighederne? Hvis et menneske eller et folk har underlagt sig et kæmpeområde og forhindrer resten af menneskeheden adgang til det, kan der så være anden forklaring end en strafbar forbrydelse. For handlingen fratager jo resten af menneskene muligheder for at bosætte og ernære sig i det, som naturen har givet dem i fællesskab? Da Nunez Balboa satte foden på et stykke strandbred og erklærede Sydhavet og hele Sydamerika som den spanske trones ejendom, var det da et tilstrækkeligt grundlag for at fratage de indfødte det, de ejede, og udelukke alle andre fyrster i verden fra at gøre det samme? En række tilsvarende luftige ejerskabserklæringer blev fremsat på forskelligt grundlag, så den katolske pave så ingen anden udvej end at lade pavedømmet tage ejendomsret til hele universet og så efterfølgende udskille de dele, der indtil da havde været ejet af andre fyrster.

Dette kan give en forståelse af, hvordan privatpersoners jorder, der er fælles og ligger i nærheden af hinanden, kan blive offentlige, og hvordan retten til at bestemme over jorden bliver både reel og personlig, når den spredes ud til de folk, der dyrker jorden. Dette knytter ejerne nærmere til jorden, og de kræfter, ejerne lægger i ejendommen, sikrer endda yderligere deres pålidelighed. Tilsyneladende havde datidens regenter ikke blik for disse sammenhænge. Ved kun at kalde sig konger over perserne, skyterne, makedonierne, har de åbenbart betragtet sig som overhoved for mennesker snarere end herrer over landet. Kongerne i dag kalder sig som hovedregel konger af Frankrig, Spanien, England, etc. Ved således at knytte deres status til landet, styrkes relationen til landets indbyggere.

Det, som er det særlige ved borgernes afståelse af fast ejendom til samfundet, er, at borgerne ikke mister alt. Ved overtagelsen af fast ejendom sikrer staten blot, at den enkelte borger kan opnå en offentligt sikret ejendomsret. Det, der sker, er, at faktisk brug af ejendommen og retten til ejendommens udbytte transformeres til at være en egentlig ret. Sagt på en anden måde: ved at ejerne bliver betragtet som bestyrere af et offentligt aktiv, og ved at deres rettigheder er respekteret at alle borgere i staten og forsvaret over for udlandet, har de, ved en afståelse til det offentlige, og derved, oveni, til dem selv, så at sige skaffet sig alt det tilbage, de har afgivet. Dette er et paradoks, som let forklares ved den skelnen, der er mellem henholdsvis statens og ejerens rettighed over den samme ejendom, hvilket vi senere vil komme ind på.

Det kan også ske, at mennesker begynder at slå sig sammen fremfor intet at eje, og at de ved efterfølgende at skaffe sig et jordstykke, som er tilstrækkeligt til alle, får et udbytte af det i fællesskab, eller de deler det mellem sig, enten ligeligt eller i nogle forhold, der er bestemt af statsmagten. Uanset hvordan tilegnelsen af jorden er sket, er den enkeltes ejendomsret stadig underlagt fællesskabets ret, uden hvilken der aldrig ville være hverken solide, sociale bånd eller reel styrke i forsvaret af ejerskabet.

Jeg vil afslutte dette kapitel og denne del af afhandlingen med en bemærkning, som kan tjene som grundlag for hele det samfundsmæssige system. Den grundlæggende samfundsmæssige pagt tilintetgør på ingen måde den lighed, der måtte være i naturtilstanden. Den etablerer tværtimod en moralsk og retsmæssig lighed, der går i stedet for den fysiske ulighed, som naturen måtte have skabt. Det betyder, at selv om menneskene fra naturens side er forskelligt stillet styrkemæssigt og intellektuelt, bliver de alle stillet lige gennem samfundets regler og retsvæsen[5].

Slut på Bog I

[5] Under dårlige regeringer er denne lighed kun tilsyneladende og illusorisk. Den tjener kun til at fastholde den fattige i sin søllehed, og den rige som den der profiterer. Det reelle indhold er, at lovene altid er til fordel for dem, som ejer noget og til skade for dem, der intet har. Sagt på en anden måde: en retsstat er kun til gavn for mennesker, hvis alle har noget og ingen har for meget.

BOG II

Kapitel 1

MYNDIGHEDEN KAN IKKE OVERDRAGES TIL ANDRE

Den første og vigtigste konsekvens af de principper, der er gjort rede for i Bog I, er, at det kun er den almene vilje, der kan styre statens magt på en sådan måde, at statens formål fastholdes, nemlig at opnå det fælles bedste. For selv om modstanden fra særinteresser i samfundet har gjort det nødvendigt med offentlige institutioner, er det støtten fra de samme særinteresser, der har gjort oprettelsen af disse mulig. Det er de punkter, som de forskellige særinteresser er enige om, der skaber de samfundsmæssige bånd, og var der ikke noget som helst, der var enighed om, ville intet samfund kunne eksistere. Det er således kun på denne fælles interesses grund, at et land kan regeres.

Det jeg siger er altså, at i og med at den suveræne myndighed ikke har anden opgave end at udtrykke den almene vilje, kan den aldrig overdrage sig selv til andre, og myndigheden kan, som det kollektive organ, den er, kun repræsenteres af sig selv. Magtapparatet kan skifte form, men det kan fællesskabets vilje ikke.

Det betyder, at selv om det ikke er umuligt, at en særinteresse på enkelte punkter kan have samme interesser som helheden, så vil et sådant sammenfald i det mindste ikke kunne være varigt og uændret over tid. For det ligger i særinteressers natur at skaffe sig fordele, og i almenhedens at give lige ret til alle. Endnu mere umuligt ville det være at have garanti for, at en enighed mellem fællesskabet og en særinteresse kan holde. Hvis den gør det, er det ikke, fordi det er tilstræbt; det er sket ved et tilfælde. Det er tænkeligt, at statsmyndigheden siger: "For øjeblikket vil jeg det samme, som dette menneske vil, eller i det mindste siger, det vil". Men myndigheden kan ikke sige: "Det, som dette menneske vil i morgen, det vil jeg også". Det kan den ikke, fordi det ville være absurd, at almenhedens vilje skulle pålægge sig fremtidige begrænsninger, og fordi det ikke tilkommer nogen at give sit samtykke til noget, som er i modstrid med, hvad der er godt for den pågældende. Så hvis fællesskabet uden videre lover at adlyde, opløser det dermed sig selv. Det ophører med at være et folk. I det øjeblik folket har fået en overordnet, kan det ikke længere danne en suveræn statsmagt, og fra da af er det politiske system brudt sammen.

Dette forhindrer dog ikke, at chefer i staten kan udtale sig på vegne af folkets vilje. Det kan de, så længe den suveræne myndighed ikke forhindrer det, selv om den kunne. På tilsvarende måde kan man gå ud fra, at når folket ikke klager, er det udtryk for folkets accept. Dette vil blive forklaret mere detaljeret senere.

Kapitel 2

MYNDIGHEDEN KAN IKKE DELES OP

Det ræsonnement, som viser, at myndigheden ikke kan overdrages til andre, fører også til, at den ikke kan deles op. For den vilje, vi taler om, er almen[6], eller også er den det ikke. Den er enten hele folkets vilje eller en vilje, som kun en del af folket har. I det første tilfælde er den vilje, der udtrykkes, en myndighedshandling og skaber lov. I det andet tilfælde drejer det sig kun om en afgrænset gruppes ønsker eller om en beslutning fra en udøvende del af staten, det vil sige, allerhøjest et dekret.

Men da vores politikere ikke kan opdele myndigheden som sådan, opdeler de den efter objektet: de deler den efter størrelse og efter formål, mellem lovgivningsmagt og udøvende magt, mellem skatteret, borgerlig ret og krigsret; mellem indenlandsk administration og administration af udenrigsanliggender. Det ene øjeblik lægger politikerne disse dele sammen, i det næste deler de dem op. De gør regeringsmagten til et fantastisk væsen, sammensat af en række brikker på samme måde, som hvis et menneske blev sat sammen af dele fra flere kroppe, så det ene menneske ville have øjne, og intet andet end det. Det andet ville udelukkende have arme, det tredje fødder. De japanske markedsgøglere siges at have parteret et barn for øjnene af tilskuerne og herefter kastet alle dets lemmer op i luften, et efter et, og til sidst ladet barnet falde ned, levende, og sat sammen igen. Sådan er vore politikeres slag med raflebægeret stort set også. Efter at have opsplittet statsapparatet med en autoritet, der er en markedsplads værdig, samler de delene igen på en måde, som ingen forstår.

Det er en fejl, hvis nogen tror, der her er tale om en opdeling af statsmyndigheden. Årsagen til den misopfattelse er en uklar ide om myndighedens autoritet og en forveksling af, hvad der er

---

[6] For at en vilje skal være almen, er det ikke altid nødvendigt, at der er enighed, men det er nødvendigt, at alle stemmer tælles med: Alle bestemmelser der udelukker nogen, sætter det almene over styr.

myndigheden forskellige fremtrædelsesformer, og hvad der er dens forskellige dele. Således har man f.eks. opfattet en krigserklæring og en fredsslutning som den suveræne myndigheds beslutninger, hvad de ikke er. Det er de ikke, fordi ingen af disse beslutninger er en lov, men kun en anvendelse af loven. Der er tale om enkeltstående sagsakter, som udmønter loven, hvilket vil blive tydeligere, når den ide, som knyttes til ordet *lov,* senere bliver uddybet.

Ved på tilsvarende måde at undersøge de øvrige opdelinger, vil man finde ud af, at hver gang man tror, man ser selve den suveræne myndighed opdelt, tager man fejl. De domstole, som man ser som dele af myndigheden, er alle underordnet den, og de enkelte dele har fællesskabet vilje som forudsætning. Domstolene gør ikke andet end at implementere det, der er folkets vilje.

Der er ikke grænser for, hvor meget denne mangel på præcision har forvirret skribenter inden for statsret, der ud fra de kriterier, de selv har fastlagt, har vurderet henholdsvis kongens og folkets rettigheder i forskellige lande. I Bog I, kapitlerne 3 og 4 om Grotius, kan enhver se, hvorledes denne vise mand og hans oversætter Barbeyrac vikler sig ind og farer vild i deres sofisme. De er bange for at sige for meget eller for ikke at sige nok, og frygter at krænke de interesser, som de er nødt til at stille tilpas. Som flygtning i Frankrig, utilfreds med sit fædreland, ønskede Grotius at indynde sig hos Ludvig den 13. I sin bog, der var dedikeret til kongen, sparer Grotius ikke på noget, når det drejer sig om at fraskrive folket alle dets rettigheder eller at tildele kongen dem alle. Noget lignende er så sandelig også faldet i Barbeyracs smag. Han dedikerede sin oversættelse til Englands kong Georg den 1. Men Jakob den 2.' afsættelse, som Barbeyrac kaldte abdikation, tvang uheldigvis Barbeyrac til at være mere forbeholden, omfortolke og være mere forsigtig, for ikke at fremstille Vilhelm som en kupmager. Hvis disse to forfattere havde baseret deres værk på sande principper, ville alt det problematiske i deres udredninger være væk, og de ville have haft logikken som grundlag. Men i så fald ville de beklageligvis skulle have sagt sandheden, og med den var det kun folket, de havde kunnet bejle til. Men at sige sandheden fører ikke på nogen måde til rigdom, og folket honorerer ikke med hverken ambassadørposter, professorater eller pensioner.

Kapitel 3

HVIS DEN ALMENE VILJE TAGER FEJL

Det følger af det foregående, at den almene vilje altid har ret og altid stræber efter helhedens bedste. Men det betyder ikke, at folkets beslutninger altid giver det indtryk. Folket vil altid sit eget bedste, men dette bedste kan det ikke altid få øje på. Man kan aldrig korrumpere folket, men ofte bliver folket vildledt, og det er kun da, det ser ud, som om folket vil noget dårligt.

Der er ofte en klar forskel på alles vilje og den almene vilje. Den sidste tager kun den fælles interesse i betragtning, mens den første blot er en sum af privatpersoners ønsker. Hvis man fra den sidstnævnte sum fjerner de plusser og minusser, der udligner hinanden[7], så vil summen af resten dog udtrykke den almene vilje.

[7] "Hver særinteresse", siger le M.]d'A [le marquis d'Argenson]," bygges på principper, der er forskellige. Overensstemmelse mellem to forskellige særinteresser opstår ved konflikt med en tredjemand. " Han ville kunne have tilføjet, at alle særinteresser er enige om at være imod, at en af dem får særlige fordele. Hvis der ikke fandtes særinteresser, ville ingen få fornemmelsen af at have fælles interesser, fordi det fælles ikke mødte modstand. Alt gik af sig selv, og politik var der ikke behov for.

Hvis alle borgere er tilstrækkeligt oplyst, og tager en beslutning uden først at have kommunikeret med hinanden, vil det store antal af små meningsforskelle altid samlet udtrykke den almene vilje, og beslutningen ville altid være god. Men når folket starter intriger og skaber grupper for dele af folket på helhedens bekostning, vil hver af disse gruppers ønsker blive den almene vilje for gruppens medlemmer, men udtrykke en særinteresse set fra statens side. Man kan sige, at folket ikke længere stemmer efter hoveder, men at antallet af stemmer svarer til antallet af grupper. Når antallet af interessegrupper bliver lavere, vil de meningsforskelle der udtrykkes, ikke længere give et repræsentativt udtryk for helheden. Hvis til sidst én gruppe bliver så stor, at den fuldstændig kan dominere de andre, vil det store antal forskelle forsvinde. Der vil kun blive udtrykt én mening, og denne er ikke længere den almene vilje. Den opfattelse, som slår igennem, er kun opfattelsen hos én enkelt person eller gruppe.

Hvis man skal have et klart udtryk for den almene vilje, er det altså vigtigt, at der ikke er subsamfund i staten, og at den enkelte borger ikke retter sin mening ind efter andre[8]. Sådan forholdt det sig i det unikke og veludviklede Lykurgos. Hvis der er subsamfund, er det nødvendigt at forøge antallet og derved forhindre uligheden, som Solon, Numa, Servius gjorde. Disse forebyggende foranstaltninger er de eneste, der kan sikre, at den almene vilje altid er baseret på et oplyst grundlag, og at folket ikke tager fejl.

---

[8] Machiavelli sagde at (Hist. Florent., lib. VII) – « Det er sandt, at nogle grupperinger er til skade for samfundet, og andre er til samfundets gavn. De grupper, der er til skade for samfundet, er dem, der udvikler sig til sekter og loger. De der er til gavn, vil ikke danne hverken sekter eller loger. Når et samfund dannes kan det ikke undgås, at der opstår uvenskab mellem forskellige grupper, men det, der i det mindste skal undgås, er at der opstår sekter."

Kapitel 4

GRÆNSER FOR STATSMYNDIGHEDENS MAGT

Da staten eller bystaten kun er en juridisk person, hvis eksistens ligger i medlemmernes fællesskab, og da denne juridiske persons vigtigste opgave er at opretholde sin egen eksistens, er det nødvendigt for den at have en magt, der er total og kan tvinge beslutninger igennem, så den kan ændre og råde over alle dele af samfundet til helhedens bedste. På samme måde som naturen har givet hvert menneske en absolut magt over sine egne lemmer, giver den sociale kontrakt de politiske myndigheder en absolut magt over alle i samfundet, og det er denne suveræne magt, styret af den almene vilje, der som nævnt, kan kaldes den suveræne myndighed.

Men udover dette offentlige væsen, har vi at gøre med de enkelte privatpersoner i samfundet, hvis liv og frihed udfolder sig uafhængigt af staten. Derfor skal man skelne klart mellem den enkelte borgers og statsmyndighedens ret[9], og mellem hvilke forpligtelser, man vil kunne pålægge borgerne som undersåtter, og hvilke naturgivne rettigheder de bør have som mennesker.

Vi kan vel være enige om, at det, som hver enkelt afgiver af sin magt, sin ejendom, sin frihed ved indgåelsen af den sociale kontrakt, kun er de dele, som er vigtige for samfundet, men samtidig må det forstås, at det er staten alene, som afgør, hvor grænsen går.

Alt det, som en borger kan yde over for samfundet, skal han levere, så snart staten beder om det; men staten kan, på den anden side, ikke

---

[9] Til den opmærksomme læser: Vær nu ikke for hurtig til at anklage mig for en selvmodsigelse. Det beder jeg om. Jeg har ikke kunnet undgå at bruge udtrykket da sproget er fattigt, men vent blot.

pålægge undersåtterne nogen byrde, der ikke er til nytte for samfundet; statsmagten kan end ikke ønske at gøre det. For når fornuften råder, vil der være en grund til det, der sker. Det samme gælder, når det er naturen, der bestemmer.

De aftaler, som binder os sammen i samfundet, er kun obligatoriske, hvis de er fælles for alle, og deres natur er sådan, at når man lever op til dem ved at arbejde for sine medmenneske, kommer man uvægerligt til samtidig at arbejde for sig selv.

Forklaringen på at den almene vilje altid vil det rette, og at enhver hele tiden ønsker det bedste for alle, kan det kun være fordi, ingen enkeltperson kan kalde sig selv: "enhver", og fordi ingen tænker på sig selv, når han stemmer for helheden. Dette viser, at lighed for loven og den følelse af retfærdighed, det giver, hidrører fra den enkeltes præferencer og dermed fra menneskets natur. Den almene vilje må, for at være "almen" være det både i sin hensigt og i sit væsen. Den bør tage sit udgangspunkt fra alle for at kunne anvendes over for alle. Den taber sin naturbestemte rigtighed, når den retter sig mod noget enkeltstående og specifikt, for hvis vi bedømmer noget, vi ikke selv er en del af, så kan vi ikke længere bruge lighedsprincippet som rettesnor.

Det betyder, at lige så snart det drejer sig om en begivenhed eller en privatpersons rettigheder på et område, der ikke er dækket af eksisterende generelle lovbestemmelser, kan sagen give anledning til en retlig konflikt, som fører til en retssag. Når det drejer sig om en retssag, hvor den pågældende privatperson er den ene part og det offentlige den anden, vil jeg hverken kunne finde en lov, der skal følges, eller en dommer, der kan dømme. I en sådan sag ville det være besynderligt at henvise til fællesskabets udtrykkelige beslutning, da denne ikke vil kunne være andet end det, den ene part mener, og som af den anden part derfor kun kan opfattes som en anden privatpersons mening. Dette vil kunne føre til uretfærdigheder og fejl. På samme måde som en enkeltpersons vilje ikke kan gøre det ud for den almene vilje, må den almene vilje ændre status, når det drejer sig om en enkeltsag, og kan i denne situation ikke sin egenskab af almen vilje træffe afgørelser angående et enkelt menneske eller i en enkeltsag. Da folket i Athen, for eksempel, udnævnte eller afskedigede sine ledere, tildelte æresbevisninger til den ene og gav den anden en straf, og ved et stort antal særdekreter på en uigennemskuelig måde påtog sig alle regeringens sager, da havde folket ikke længere en almen vilje i egentlig forstand; det handlede ikke længere som statsmyndighed, men som en forvaltning. Denne tankegang kan synes at være i modstrid med de forestillinger, der er almindeligt accepterede, men lad mig få tid til nærmere at gøre rede for de ideer, jeg har.

På baggrund af det, der allerede er sagt, må det være klart, at det, som gør en vilje almen, ikke så meget er antallet af stemmer, som den fællesinteresse, der forener dem. I et sådant samfund er det nødvendigt, at enhver underlægger sig de betingelser, som vedkommende opstiller for de andre. Hvis det sker, giver det en smuk enighed om fællesinteresser og retfærdighed, hvilket igen giver de fælles beslutninger det præg af lighed, som fordufter lige så snart sagerne drejer sig om enkeltsager. Det sidste skyldes, at der i disse sager ikke er den fælles interesse, der kunne give dommere og sagens parter en fælles og veldefineret opfattelse af reglerne.

Uanset fra hvilken synsvinkel man end anskuer princippet, vil man altid nå til den samme konklusion, nemlig at samfundskontrakten opbygger en sådan lighed mellem borgerne, at de alle forpligter sig under de samme betingelser, og at alle opnår de samme rettigheder. Således ligger det i aftalens natur, at enhver handling fra den suveræne myndighed, det vil sige alle de sager, der er i overensstemmelse med den almene vilje, forpligter eller tilgodeser alle borgere i lige høj grad. Myndigheden ser kun nationen som helhed, og skiller ikke den ene borger fra den anden blandt dem, der tilsammen udgør nationen. Hvad er en myndighedsbeslutning så egentlig? Det er ikke en aftale mellem en overordnet og en underordnet, men en aftale mellem helheden og hver af dens medlemmer. Det er en retfærdig aftale, fordi den bygger på den sociale kontrakt, den er lige for alle, fordi den er fælles for alle, den er nyttig, fordi den ikke kan have andre mål, end hvad der er godt for helheden, og den er solid, fordi den har statens styrke og retssystemets magtmidler som garant. Så længe undersåtterne kun er underlagt sådanne aftaler, skal de ikke adlyde andre, men kun deres egen vilje. At spørge, hvor langt statsmagtens ret rækker i forhold til borgernes, er det samme som at spørge, hvor langt borgerne kan indgå aftaler med sig selv, mellem hver enkelt og alle og mellem alle og hver enkelt.

På denne måde kan man se, at den suveræne myndighed, lige så fuldstændig, ophøjet og uanfægtelig, den end måtte være, ikke overskrider, ikke kan og ikke må overskride den grænse, der udgøres af fællesskabsaftalerne. Det betyder, at ethvert menneske kan disponere fuldt ud over det, som han råder over af aktiver og frihed ifølge disse aftaler. Således har staten aldrig ret til at bebyrde én undersåt mere end andre, for hvis det sker, bliver sagen en enkeltsag, og dermed er fællesskabets magt ikke længere gældende.

Hvis disse begrebsafgræsninger kan accepteres, er det så forkert, at der i den sociale kontrakt, set ud fra den enkeltes synsvinkel, egentlig ikke gives afkald på noget, men at borgerens situation i virkeligheden er bedre end før denne kontrakt? Kan det nægtes, at den enkelte reelt ikke har afgivet noget, men kun har foretaget en fordelagtig byttehandel? Det enkelte menneske har udskiftet en usikker og vanskelig livssituation med en bedre og mere sikker; det har opgivet naturtilstandens uafhængighed mod at opnå friheden. Mennesket har frasagt sig muligheden for at gøre andre mennesker skade mod at opnå en personlig sikkerhed, og det har givet afkald på dets egen styrke - som andre kunne overvinde - mod at få den retfærdighed, som det sociale fællesskab sikrer. Det liv, som borgerne har stillet til samfundets rådighed, befinder sig til stadighed under statens beskyttelse, og når borgerne sætter livet på spil for at forsvare nationen, hvad gør de så, andet end give staten det, som de har modtaget fra den? Hvad gør de, som de ikke gjorde meget hyppigere og med meget større farer i naturtilstanden? Ved at gå ind i de kampe for nationen, der er uundgåelige, vil de så ikke også her forsvare, med døden som indsats, det som gør, at de kan overleve? Alle skal, når det er nødvendigt, kæmpe for fædrelandet, det er sandt. Men det er også sandt, at ingen længere behøver at kæmpe alene for sig selv. Vindes der ikke mere ved at løbe en risiko for noget, der giver os en sikkerhed, der er større, end hvis vi selv alene skulle kæmpe for vores liv?

Kapitel 5

OM RETTEN TIL LIV OG DØD

Man kan spørge, hvordan det kan være, at mennesker, som ikke har ret til selv at bestemme, om de skal leve eller dø, kan overdrage statsmagten den ret, som de ikke selv har? Dette spørgsmål er kun svært at svare på, fordi det er dårligt formuleret. Alle mennesker har ret til at sætte deres eget liv på spil for at bevare det. Har man nogensinde sagt, at den, som kaster sig ud ad vinduet for at slippe væk fra en ildebrand, har begået selvmord? Har man tilsvarende nogensinde beskyldt nogen for denne forbrydelse, hvis vedkommende er omkommet under et uvejr, som han ikke vidste var farligt, da han tog afsted?

Den sociale kontrakt har som mål at sikre livet for dem, der indgår kontrakten. Den som vil opnå et mål, må også ville midlerne, og disse midler indebærer nødvendigvis visse risici, endda visse tab. Den, som vil overleve, mens andre betaler med livet, bør også tilbyde sit eget for andres, når det er nødvendigt. Men den enkelte borger er ikke længere den, der afgør om den risiko, som loven pålægger ham, er værd at tage. Når landets leder har sagt til ham: "Det er til gavn for staten, at du dør", ja, så må han dø, for det er kun på denne betingelse, at han har levet i sikkerhed indtil da. Hans liv er ikke længere fuldstændig afhængigt af naturens velgerninger. Det er en gave fra staten, som er givet på visse betingelser.

Den dødsstraf, som kriminelle bliver idømt, kan ses ud fra næsten den samme synsvinkel: det er for at undgå, at blive offer for en drabsmand, at man er enedes om, at hvis man selv bliver drabsmand, så skal man dø. Indgåelse af denne kontrakt er langt fra sket for at stille sit liv til rådighed. Man har blot ønsket at sikre det, og man kan ikke tro, at nogen af dem der har skrevet under på kontrakten, har gjort det med den hensigt at lade sig blive hængt.

Når en kriminel bryder samfundets love, gør han sig i øvrigt også til oprører og forræder over for fædrelandet. Den kriminelle ophører med at være medlem af nationen, når han ikke respekterer dens love, og man kan endda sige, at han erklærer samfundet krig. Da statens eksistens altså er uforenelig med hans, må en af de to forsvinde, og når man lader den skyldige dø, er det ikke i hans egenskab af at være borger, men fordi han er samfundets fjende. Rettens procedurer fremskaffer beviser, og dommen slår fast, at forbryderen har forbrudt sig mod den sociale kontrakt, og at han, som konsekvens heraf, ikke længere er medlem af samfundet. Hvis han, til en vis grad på grund af sit fængselsophold, erklærer sig skyldig, må han betragtes som forbryder mod samfundet og udvises af landet. Ellers må han som folkets fjende straffes med døden; for det er krigens ret at udslette den besejrede fjende, og her er fjenden ikke en juridisk person, det er et menneske.

Men, kunne man sige, domfældelsen af en kriminel er en personsag. Enig. Heller ikke her kan en domfældelse ligge hos statsmyndigheden. Myndigheden kan give andre retten til at dømme, men selv kan den ikke udøve denne ret. Alle mine ideer hænger sammen, men jeg vil ikke kunne lægge dem alle frem på én gang.

I øvrigt er hyppigheden af strenge straffe altid tegn på svaghed eller slaphed i regeringsmagten. Der findes ikke skurke, det er umuligt at gøre gode til et eller andet. Man har ikke ret til at henrette, selv ikke som afskrækkelse, medmindre forbryderen vil være til fare for andre i levende live.

Med hensyn til benådningsretten eller retten til at ændre en dødsdom, som er afsagt efter loven og af en dommer, tilhører den kun den, der er placeret over dommer og lov, det vil sige myndigheden. Dennes ret er så alligevel ikke helt entydig, og de tilfælde, hvor den kan udnyttes, er meget få. I en stat, der er regeret godt, er der få afstraffelser, ikke fordi der er mange benådninger, men fordi der er få kriminelle. Når en stat svækkes, bliver antallet af forbrydelser derimod stort, og kun få vil blive straffet. Under den romerske republik forsøgte hverken senatet eller konsulerne nogensinde at give benådninger; selv folket forsøgte det heller ikke, skønt det nogle gange annullerede dets egne domfældelser. Hyppige benådninger signalerer, at inden længe vil skyldige forbrydere end ikke blive dømt og derfor ikke få behov for at blive benådet. Enhver kan se, hvor det fører hen.

Men jeg har en fornemmelse af, at mit hjerte gør vrøvl og generer min skrivning. Så lad os diskutere disse spørgsmål med det retskafne menneske, som aldrig har gjort noget galt, og som aldrig selv har haft brug for benådning.

Kapitel 6

OM LOVEN.

Med samfundspagten har vi givet de offentlige institutioner identitet og liv. Det drejer sig nu om ved lovgivning at give dem retning og formål. For den oprindelige handling, der etablerede og sammensatte de offentlige institutioner, bestemte ikke i sig selv, hvad institutionerne skulle udrette for at have eksistensberettigelse.

Hvad der er godt og ordentligt ligger i tingenes natur, uafhængigt af menneskelige konventioner. Al retfærdighed kommer fra Gud, som er dens eneste kilde; men hvis vi forstod at tage den til os direkte fra det højeste, ville vi ikke have behov for hverken regering eller lov. Der eksisterer uden tvivl en universel retfærdighed, der alene udgår fra fornuften; men for at denne skal vinde respekt os imellem, må den gælde begge veje. Den sunde fornuft siger os, at uden straffebestemmelser vil disse retfærdighedens love ikke blive taget alvorligt i forholdet mellem mennesker. De vil kun være til gavn for de slette mennesker og til skade for de gode, når den gode overholder lovene i forhold til alle, og ingen samtidig overholder dem i forhold til den gode. Det er altså nødvendigt med fælles normer og love for at forbinde ret med pligt og lade retfærdighed ske fyldest. I naturtilstanden, hvor alt er fælleseje, skylder jeg intet til dem, jeg intet har lovet. Her anerkender jeg kun, at noget tilhører et andet menneske, hvis det er noget, jeg ikke selv har brug for. Sådan er det ikke i civilisationen, hvor alle rettigheder er fastlagt ved lov.

Men hvad er så egentlig en lov? I det omfang man stiller sig tilfreds med kun at tillægge dette ord nogle abstrakte betydninger, vil man fortsætte med at argumentere uden at blive enige, og selv om man måtte have fundet frem til, hvad naturens lov er, ville man ikke have vidst, hvad en statslig lov ville være.

Jeg har allerede sagt, at der ikke findes en almen vilje, når det angår en konkret sag. En sådan sag ligger i realiteten enten i statens, eller uden for statens regi. Hvis en enkeltsag ligger uden for staten, kan en vilje, som ikke har noget med enkeltsagen at gøre, ikke være generelt gældende i forhold til denne; og hvis sagen ligger inden for statens område, er den part i sagen. I så fald dannes der en relation mellem helheden og en del af denne, som fører til to adskilte væsener, hvor den ene er delen og den anden er helheden minus delen. Men helheden minus en del er ikke længere helheden, og så længe denne relation eksisterer, er der ikke længere tale om et hele, men om to dele af forskellig størrelse. Heraf følger, at den enes vilje ikke er mere almen end den andens.

Men når hele folket bestemmer noget, der gælder for hele folket, betragter det kun sig selv; og hvis der her skabes relationer, vil det være fra hele genstanden under hele genstandens synsvinkel, til hele genstanden under en anden synsvinkel og uden nogen opdeling af helheden overhovedet. Sagt på en anden måde: Det emne, som man bestemmer noget for er generelt i sin karakter, og det er alment, ligesom den vilje, der træffer beslutningen. En retsforskrift, der har denne egenskab, vil jeg kalde en lov.

Når jeg siger, at lovens genstand altid er af generel karakter, mener jeg dermed, at en lov beskæftiger sig med undersåtterne som gruppe og beskriver handlinger abstrakt. Lovene omhandler aldrig enkeltindivider eller specifikke handlinger. En lov kan meget vel bestemme, at der skal være visse privilegier, men den kan aldrig give dem udtrykkeligt til nogen bestemt person. Loven kan opdele borgere i forskellige klasser, fastsætte de kriterier, der giver borgerne ret til optagelse i disse klasser, men den kan ikke give den ene eller anden specifikke person ret til optagelse. Loven kan bestemme, at nationen skal være et kongedømme, og hvorledes en arvefølge skal se ud, men den kan ikke beslutte, hvem der skal være konge, og heller ikke, hvem der skal indgå i kongefamilien. Det kan siges kort: Alt det, der vedrører et konkret enkeltemne eller enkeltperson henhører ikke under lovgivningsmagten.

Ud fra denne tankegang kan man umiddelbart se, at spørgsmålet om, hvem der skal udforme love, ikke længere giver mening. Lovene besluttes af den almene vilje. Man behøver heller ikke spørge, om fyrsten står over lovene, eftersom han jo som person er et medlem af staten. Ej heller skal man være i tvivl om, hvorvidt en lov kan være uretfærdig, for uretfærdig er ingen jo over for sig selv, og ligeledes skal man ikke spørge, hvorfor man er undtaget og hvorfor man underlagt lovene, for lovene registrerer jo kun, hvad vi allesammen ønsker og vil.

Man vil også kunne indse, at i og med at en lov forbinder formål og emne på en almengyldig måde, så er det ikke en lov, når et menneske, uanset hvem, får en ordre fra sin chef. Selv det som myndigheden beordrer en specifik borger til, er heller ikke en lov, men et dekret, ikke en handling i egenskab af være den suveræne myndighed, men som udøvende organ.

Enhver stat, der styres af love, vil jeg kalde en republik, uanset hvad den faktiske, formelle betegnelse er. For når det er tilfældet, er det kun det fælles, der regerer, og de fælles interesser, der betyder noget. En regering er kun legitim, når den er republikansk[10]. Jeg forklarer senere, hvad der ligger i at være regering.

---

[10] Dette ord skal ikke blot forstås som et aristokrati eller et demokrati, men som regeringer i almindelighed, der styrer efter den almene vilje, som den kommer til udtryk i loven. For at være en legitim regering er det ikke nødvendigt, at den er en del af statsmagten, men blot, at den er den udførende kraft, hvor monarkiet repræsenterer samfundet. Dette tydeliggøres i den følgende bog.

Lovene er egentlig ikke andet end de betingelser, der gælder for en retsstat. Et folk, der er underlagt love, bør selv beslutte, hvordan de skal være; det tilkommer kun dem, der har slået sig sammen, at fastsætte fællesskabets vilkår. Men hvordan skal folket i praksis gøre det? Opnås den fælles enighed ved en pludselig opstået ide? Har de politiske organer et talerør for folkets vilje til deres rådighed? Hvem skal give folket den nødvendige forudseenhed til at udforme lovene og gøre dem gældende, før de konkrete hændelser finder sted? Hvorledes får folket vedtaget love, når der er behov for det? Hvorledes skulle en forskelligartet, uoplyst mængde af mennesker, som ofte ikke ved, hvad den ønsker, fordi den sjældent ved, hvad der er godt for alle, kunne udføre et så stort og så svært foretagende, som et lovsystem? Folket selv vil altid det gode, men folket ved ikke altid selv, hvad der er det gode for det. Den almene vilje er altid den rette, men dens dømmekraft er ofte hæmmet af manglende viden. Det er nødvendigt, at den almene vilje bliver i stand til at se tingene, som de er, nogle gange som de burde være. Den skal også kunne finde den vej, den ønsker at finde. Den skal opnå styrke til at modstå særinteressers overtalelser, til at holde blikket på her og nu, til at afbalancere det tillokkende ved øjeblikkelige og meget ønskede fordele over for de ukendte farer, fremtiden kan bringe. Den enkelte borger kan se de goder, han mister. Fællesskabet ønsker at skaffe sig goder, der ikke er synlige endnu. Alle har lige meget brug for hjælp til at finde den rette vej. Borgerne må skaffe sig sammenhæng mellem ønsker og fornuft; fællesskabet må finde ud af, hvad det vil. Almen oplysning skal således skabe en fælles forståelse og en fælles vilje i de folkelige forsamlinger, og derigennem en pålidelig, aktiv deltagelse fra alle parter. Kort sagt, den stærkest mulige fælles styrke. Alle disse krav gør det nødvendigt med en person, der kan formulere lovteksten.

Kapitel 7

OM LOVENES FORFATTER

Den, der skal finde frem til, hvad der er de bedste regler for en nations fællesskab, må have en fremragende intelligens, må kende alle menneskets tilbøjeligheder og må ikke være en slave af nogen af dem. Den pågældende er uafhængig af vores menneskelige natur og kender den dog til bunds. Vedkommendes lykke afhænger ikke af, om vi er lykkelige, og alligevel tager den pågældende sig af, om vi er det. Endelig kræves det, at lovenes forfatter, lægger vægt på den hæder, der vil kunne opnås i et langsigtet perspektiv. Han skal være parat til at lægge sin indsats i et århundrede og først kunne høste frugten i det næste[11]. Det kræver overmenneskelige egenskaber at skrive love for menneskene.

Det ræsonnement, som Caligula havde om fakta, havde Platon om ret. I sin bog om regeringsmagten forsøgte Platon at definere det borgerlige eller royale menneske. Men hvis en stor fyrste er sjælden, hvad er så den, der har skrevet lovene? Den førstnævnte skal jo kun respektere den model, som den anden har til opgave at udforme. Lovenes forfatter er ingeniøren, der opfinder maskinen. Regenten er kun den arbejder, som bygger maskinen og får den til at fungere. Når samfund fødes, siger Montesquieu, er det republikkernes ledere, der etablerer institutionen; og fra da af er det institutionen, der skaber republikkernes ledere.

---

[11] Et folk bliver først alment kendt, når dets lovgivning begynder at blive ringere. Da der blev stillet kritiske spørgsmål ved institutionen de Lycurgue i hele Grækenland, var der ingen der kerede sig om, hvor mange århundreder institutionen havde været til stor gavn for Sparta.

Den, som tør give et folk forfatningsmæssige institutioner, må føle sig i stand til, så at sige, at ændre menneskets natur. Vedkommende skal kunne transformere hvert individ, som i sig selv er en fuldstændig og unik enhed, til en del af en større helhed, hvorfra dette individ i en vis forstand modtager sit liv og sit væsen. Lovenes forfatter skal kunne svække nogle af de egenskaber, mennesket har haft hidtil, så andre kan styrkes, og erstatte det fysisk prægede og uafhængige liv, som vi alle har modtaget fra naturens side, med en solidarisk og etisk levemåde.

Det er, kort sagt, nødvendigt at konfiskere de kræfter, det enkelte menneske har, og erstatte dem med en styrke, som ligger uden for ham selv, og som ikke kan nyttiggøres uden bistand fra et medmenneske. Jo mere menneskets naturbestemte kræfter elimineres, jo større og mere varig bliver den nye styrke. Dertil kommer, at samfundets opbygning bliver mere fuldstændig og holdbar. Sagt på en anden måde: hvis hver borger intet er, og intet kan uden alles hjælp, og når den styrke, som fællesskabet har opnået, er lige så stor eller større end summen af den styrke, de enkelte individerne havde i naturtilstanden, kan man sige, at lovgivningen har opnået det ypperste og den højeste grad af perfektion.

Lovenes forfatter er ud fra alle synsvinkler en helt enestående person i staten. Selv om vedkommende allerede måtte være det på grund af sine evner, er det mindst lige så meget på grund af den opgave, han løser. Det er ikke en opgave, der ligger hos den udøvende del af statsmagten og heller ikke hos myndigheden. Den opgave det er at opbygge republikken, er end ikke nævnt i forfatningen. Det er en helt særlig og overordnet funktion, som intet har at gøre med menneskets verden. For lige så vel som at den, der giver ordrer til mennesker, ikke skal afgøre, hvordan loven skal være, skal den, der giver lovene ej heller være den, der giver mennesker ordrer. Hvis det ikke var sådan, ville lovene, med ministrenes personlige præferencer taget i betragtning, ofte kun videreføre uretfærdighederne, og det vil aldrig siden kunne undgås, at særinteresser ville svække lovgivningens uantastelighed.

Da Lykurgos gav sit fædreland love, var hans første skridt at abdicere som konge. I størsteparten af de græske bystater var det normalt, at udformningen af lovene blev varetaget af nogen, der ikke var borgere i staten. De nyere italienske republikker efterlignede ofte denne praksis; republikken Geneve gjorde det samme, og var tilfreds med det[12]. Romerriget oplevede midt i sin storhedstid, at tyranniet genopstod, og med det ulovlighederne og den overhængende fare for at gå til grunde. Det skete alt sammen, fordi den lovgivende og den udøvende magt kom under samme paraply.

Decemvirerne tiltog sig imidlertid aldrig retten til at gennemføre lovgivning alene. "Intet af det, vi foreslår jer, kan blive til lov uden jeres godkendelse", sagde de til folket. "Romere, vær selv skabere af de love, som kan bringe jer lykke".

Den, som skriver lovteksten, har altså ikke, eller bør ikke have nogen ret til at lovgive, og folket kan ikke, selv når det måtte ønske det, fralægge sig denne uoverdragelige ret. Sådan er det, fordi den grundlæggende pagt siger, at kun den almene vilje kan pålægge privatpersoner forpligtelser. Samtidig betyder pagten, at man først kan være sikker på, at det en privatperson ønsker gennemført, er i overensstemmelse med almenviljen, når sagen har været sendt til en

---

[12] De, som kun betragter Calvin som teolog, er ikke klar over, hvor vidt hans geni rækker. De vise retsregler vi har, som han har haft stor andel i, gør ham ligeså stor ære, som den kirkeretning han har indstiftet. Uanset hvor store forandringer, vores kirke måtte blive udsat for, og lige så som længe kærligheden til fædrelandet er levende, lige så længe vil mindet om denne store mand være os til velsignelse.

fri folkeafstemning. Jeg har tidligere sagt det, men det er ikke nogen skade til, at det gentages.

Der er således to elementer i lovgivningsarbejdet, som synes uforenelige: det kræver et arbejde, der ligger ud over det menneskeligt mulige, og det forudsættes sat i værk af en autoritet, som ingenting er.

Der er også en anden vanskelighed, som kræver opmærksomhed. Hvis samfundets eksperter taler i deres eget sprog til almindelige mennesker, og ikke i almindelige menneskers sprog, vil de ikke blive forstået. Men der er tusindvis af ideer, som det er umuligt at lægge frem i almindeligt sprog. Tilsvarende kan abstrakte ideer og emner, der befinder sig langt fra hverdagen, ligge uden for lægmands fatteevne. Det individ, som kun værdsætter det, regeringen gør, når det har med dets egne interesser at gøre, har meget vanskeligt ved at se, hvad godt der kommer ud af alle de byrder, som gode love lægger på ham. For at indbyggerne skal kunne sætte pris på gode, samfundspolitiske grundsætninger og efterleve de regler, der er afgørende for statens eksistens, skal de opdage, at grunden til at vedtage en lov er den virkning, loven får. Det vil også være nødvendigt, at samfundssind gennemsyrer nationen, så samfundsopbygningen vil kunne cementeres, og at menneskene før lovene var, som lovene siger de skal blive. Da lovenes forfatter, oven i alt dette, hverken kan benytte sig af magt eller argumentation, er det nødvendigt, at han søger støtte hos en autoritet af en anden verden, som kan anspore uden vold og overtale uden at overbevise.

Det er netop denne nødvendighed, der til alle tider har tvunget nationens fædre til at skaffe sig hjælp fra de højere magter ved at tillægge guderne æren for deres egen klogskab. Så vil folket, som jo både er underlagt civilisationens og naturens love, og som er overbevist om det overjordiskes rolle i såvel menneskets som samfundets skabelse, ja, så vil det adlyde frivilligt og lydigt bære den byrde, som statens lyksalighed lægger på dets skuldre.

Denne ophøjede visdom, som overgår almindelig menneskelig forstand, lægger lovskriveren i munden på de udødelige for med disse helliges autoritet at få tilslutning fra de dele af folket, som ikke kan overbevises af den menneskelige klogskab[13]. Men det er ikke alle, der kan få guderne i tale, og heller ikke alle, der vil blive troet, når de siger, de fortolker, hvad guderne siger. Det eneste virkelige mirakel er den storhed i ånd og tanke, som lovenes forfatter har demonstreret og som i sig selv burde vise, hvad missionen er. Ethvert menneske kan riste runer i sten eller betale for et orakels tjeneste. Enhver kan tilføre en forretningshemmelighed et strejf af hellighed eller dressere en fugl til at hviske en noget i øret, og enhver kan finde andre finurlige måder at sætte sig igennem på over for folket. Den, som ikke kan finde ud af bedre end dette, vil dog med lidt held kunne samle en skare forvirrede sjæle omkring sig, men han vil aldrig kunne grundlægge et kejserrige, og hans vidtløftige livsværk vil hurtigt smuldre bort, når han ikke er der mere. Popularitet uden indhold kan midlertidigt etablere bånd, men kun visdom, kan gøre båndene holdbare. Den stadigt gældende, jødiske lov, der er skabt af Ismails søn, og som det seneste årtusind har styret det halve af verden, sender stadigvæk budskab fra de betydningsfulde mænd, der har skrevet den. Selv om der selvfølgelig vil være filosoffer, med store tanker om sig selv, der sammen med

---

[13] Machiavelli sagde: "Det er ganske sandt, at eminente forfattere af lovene har der aldrig været for et folk, der ikke har troet på Gud. For hvis det ikke gjorde det, ville lovene aldrig være blevet accepteret; for selv om den vise forfatter af lovene måtte have fremført nok så værdifulde principper, ville han ikke kunne fremlægge indlysende beviser for deres nytte, der vil kunne blive accepteret af andre vise folk."(Discorsi sopra Tito LIvio, lib. I, cap. XI)

følgagtige åndsfæller kun ser disse mænd som heldige folkeforførere, så ser statens sande ledere op til den store og kraftfulde genialitet, der gennemsyrer disse slidstærke systemer.

Ud fra det, der lige er sagt, må man ikke konkludere, som Warburton gjorde, at politik og religion har en fællesmængde. Det, man kan konkludere, er kun, at de var hinandens redskab, da nationerne blev født.

Kapitel 8

OM FOLKET

Inden en arkitekt opfører en bygning, undersøger han jordoverfladen og borer ned i byggegrunden for at se, om den vil kunne bære bygningen. På samme måde begynder den fornuftige grundlægger af et samfund ikke med at skrive en god lovtekst. Han undersøger inden da, om folket, som lovene skal skrives for, er parat til at modtage dem. Det er derfor, at Platon nægtede at give arkadierne og kyranæerne love, for han vidste, at disse to folk var rige og ikke kunne underlægges lighed. Når man på Kreta kan konstatere, at lovene er gode, og menneskene ikke er det, så er det kun fordi, Minos havde tvunget lovene ned over hovedet på et folk med mange dårlige egenskaber.

Tusindvis er de lande, som har klaret sig godt, og som aldrig ville have kunnet underlægges gode love; og så der dem der, selv om de ville have kunnet, kun har gjort det i meget korte perioder af deres eksistens. Lige som et menneske, er de fleste befolkninger kun modtagelige for ændringer, mens de er unge. Når de bliver ældre, tåler de ingen ændringer. Når først vanerne er skabt, og fordommene har fæstnet rod, er det et risikabelt og udsigtsløst foretagende at ville reformere folket. Selv når det drejer sig om at fjerne noget af det, som er en plage for folket, er det imod, at det bliver anderledes; helt på samme måde som den syge, der i sin naivitet og håbløshed, har skræk for alt, der har med læger at gøre.

Det kan dog ske, at lande, der har eksisteret længe, kommer ud for voldelige tider, hvor revolutioner gør det ved folket, som man kender fra de sygdomme, der skaber forvirring i menneskets hoved og fjerner dets erindringer om fortiden. I disse lande kan der ske det, at fortidens uhyrligheder fortoner sig i glemsel, og at staten, opildnet af borgerkrigenes hærgen, så at sige genopstår fra sin aske og genfinder ungdommens livsmod, når krigens rædsler ophører. Dette skete for Sparta i den lykurgiske tid, det skete for Rom efter tarkinderne, og det er i vores tid sket med Holland og Schweiz efter tyrannernes fald.

Men sådanne hændelser er sjældne; det er undtagelser med samme begrundelse som den, der altid findes i forfatningens særlige undtagelsesbestemmelser. Undtagelserne kan ikke finde sted to gange for det samme folk, for et folk kan gøre sig fri, så længe det har sin primitive energi i behold, men det kan det ikke, når først samfundsengagementet er slidt ned. Når det sidste er tilfældet, er folket ikke er motiveret til revolutioner, selv når det får problemer, der truer dets eksistens. I samme øjeblik de bånd løsnes, som knytter borgerne sammen, falder folket fra hinanden og ophører med at eksistere. Fra da er der behov for en hersker og ikke en befrier. Frie folk, I må erindre jer denne læresætning:"Man kan opnå frihed, men man kan aldrig genvinde den".

Ungdom er ikke barndom. For nationer er der, som for mennesker, en ungdomstid, som man har måttet afvente, før den modenhed er opnået, som gør folket parat til at underlægge sig love: men det er ikke altid til at vide, hvornår et folks modenhed er opnået. Hvis det sker for tidligt, mislykkes det. Det ene folk kan civiliseres fra det dannes, det andet kan det ikke, selv efter et årtusind. Russerne vil aldrig fuldt ud kunne indordne sig i et samfund, fordi man for tidligt har forsøgt at få dem til det. Peter var fremragende til at efterligne; men han besad ikke det sande geni, som kan skabe og få alt ud af intet. Enkelte gode ting fik han skabt, men det meste var forfejlet. Han havde konstateret, at hans folk var barbarer, men han havde slet ikke erkendt, at det ikke var modent til at danne et civiliseret samfund; han har villet civilisere det på et tidspunkt, hvor det kun burde have været gjort parat til det. Han har helst villet skabe tyskere eller englændere, når han burde have startet med at skabe russere. Han har forhindret sine undersåtter i nogensinde at blive det, som de kunne være blevet, ved at overbevise dem om, at de var noget, som de ikke var. Det er på samme måde, som en fransk privatlærer uddanner sin elev til at imponere som barn, men som så sidenhen bliver et nul. Det russiske imperium vil gerne underlægge sig Europa, men må selv underkaste sig andre. Dets undersåtter, Tartarerne, eller nabolandene vil blive dets herrer, ligesom vi vil blive det. En sådan omvæltning forekommer mig uafvendelig. Alle Europas konger bidrager i fællesskab til at fremskynde den.

Kapitel 9

OM FOLKET (fortsat)

Der er visse kropsmål, som naturen har bestemt, gør en mand velproportioneret, og andre, der gør mennesker til kæmper eller dværge. På samme måde er der for stater visse størrelser, der er optimale. Et land skal ikke være for stort til at blive godt regeret, ikke for lille til at kunne bevare sin selvstændighed. Ethvert statsapparats effektivitet har et vist *maksimum*, som det ikke evner at overskride. Dette maksimum afviger landene ofte fra, fordi de bliver ved med at vokse. Jo længere det bånd er, der skal holde samfundet sammen, jo slappere bliver det. Så en lille stat er normalt forholdsmæssigt stærkere end en stor.

Der er tusindvis af grunde til, at denne sammenhæng gør sig gældende. For det første bliver administrationen mere besværlig, jo længere afstandene bliver, på samme måde som et lod bliver tungere for enden af en længere vægtstang. Administrationen bliver også dyrere, jo flere niveauer der er. For hver by har en administration, som folket skal betale for; det samme har hvert amt og oveni kommer så betalingen til regioner, statsapparater, grevskaber, vicekongedømmer. Læg dertil, at administrationsudgifterne bliver dyrere og dyrere, jo højere i systemet man er. Så regningen for alle disse niveauer bliver stor, og det uheldige folk skal betale. Endelig er der så den allerøverste administration, der tager det sidste. Overbeskatning er en vedvarende økonomisk belastning for undersåtterne, og styrets mange led fører langtfra til en bedre ledelse. Den er dårligere, end den ville være med kun én overordnet myndighed. Næsten alle pengene går til administration, der er kun lidt til ekstraordinære situationer, og når de så opstår, bliver staten hver gang bragt på kanten af bankerot.

Og det er ikke alt. Med størrelsen mister regeringen kraft og hurtighed, når den skal sikre lovenes overholdelse, forhindre krænkelser, korrigere ulovligheder og forhindre oprørske foretagender i landets udkanter. Størrelsen betyder også, at folket vil føle mindre tilknytning til de ledere, de sjældent ser, og til det fædreland, som i deres øjne lige så godt kunne være hele verden, og til deres landsmænd, som i mange tilfælde er fremmede for dem. Når landet er stort, kan de samme love ikke passe til alle landsdele. De har forskellige normer og leveregler, forskellige klimatiske forhold, og varierende accept af den statslige autoritet. Men at have forskellige love i et land skaber kun problemer og forvirring hos indbyggerne. Ingen vil kunne forstå, at et folk, som har den samme regering, har forskellige love. Folk kan ikke forstå, når de mødes med landsmænd i andre regioner, at de er underlagt forskellige love. Når folk gifter sig på tværs af landet, udsættes de ikke blot for andre skikke, men bliver underlagt nye love, så de ikke kan vide, om den formue, de har arvet, stadig er deres.

I en sådan kæmpebefolkning, hvor den ene ikke kender den anden, vil talenter forblive skjult, gode handlinger blive overset, forbrydelser forblive ustraffede. Kun stedet, hvor landets centraladministration holder til, er det samme.

Statens politiske ledere er ude af kontakt med, hvad der sker. De ser intet selv, det er embedsmændene, der styrer staten. Endelig må det nævnes, at de systemer, der skal sættes i værk for at opretholde eller håndhæve den statslige autoritet, opsuger alle statens midler. Det skyldes også, at ret så mange embedsmænd i fjerntliggende egne forsøger at undgå statens autoritet, - eller udnytte den til egen fordel. Intet er der tilbage til glæde for borgerne, knapt nok det helt livsnødvendige. Set under ét illustrerer alt dette, hvorfor en krop, der er for stor i forhold til sin fysik, segner og dør, knust under sin egen vægt.

På den anden side må staten sørge for at have et solidt fundament, der har en størrelse, så den kan modstå de stød, som ikke kan undgås, og have en tilstrækkelig styrke til at fjerne de hindringer, den møder, så den kan sikre sin overlevelse. Alle folk har i sig en slags centrifugalkraft, en Descartes hvirvelvind, som får dem til hele tiden at modarbejde hinanden og til at stræbe efter at blive større på deres naboers bekostning. De svage risikerer således at blive opslugt, og et land har næsten kun mulighed for at overleve, hvis det kan bringe sig i en slags ligevægt i forhold til dets naboer, så der skabes et næsten ens, gensidigt pres hele vejen rundt.

Af disse grunde er der argumenter for at ekspandere og argumenter for at holde væksten i ro. Stort er det politiske talent, der kan finde frem til det magtforhold mellem staterne, der giver den bedste garanti for statens overlevelse. Man kan som regel sige, at da de første argumenter kun drejer sig om omverdenen og om relationer, bør disse almindeligvis underordne sig de sidstnævnte, som knytter sig til forholdene indenrigs, og som har en absolut karakter. En levedygtig og stærk forfatning er det man først må skaffe sig, og man må hellere gå op i at have den dynamik, som en god regering kan skabe, end de goder, som et stort territorium kan tilvejebringe. Endelig må det siges, at man har set stater, der var bygget sådan op, at kravet om at erobre nyt land var statueret i selve forfatningen, og som for at overleve var tvunget til uophørligt at blive større. Måske ønskede de sig selv tillykke med denne heldige pligt, som dog, når deres storhed ophørte, viste dem, at undergangens øjeblik var uundgåelig.

Kapitel 10

OM FOLKET (fortsat)

Man kan måle en politisk enhed på to måder: på landets geografiske størrelse og på antallet af indbyggere, og der er nogle bestemte forhold mellem disse to, der skaber det bedste grundlag for, at et land bliver mægtigt. Det er menneskene, der udgør staten, og det er jorden, der giver menneskene at spise. Det optimale forhold mellem de to størrelser opnås, når arealet er stort nok til at kunne give menneskene nok at spise, og når indbyggertallet er lige så stort, som det antal jorden kan føde. Når begge dele er tilfældet, så vil et folk kunne opnå den maksimale styrke. For hvis arealet er større end det, vil udgifterne ved at dyrke jorden være for høje, udnyttelsen af jorden for lav og høsten for rigelig. Disse forhold vil efterfølgende give anledning til krige, hvor man skal forsvare sig mod angreb.

Hvis der er for lidt jord, må staten supplere forsyningerne hos naboerne. Dette fører efterfølgende til offensive krige. Ethvert folk, som er stillet sådan, at det kun har valget mellem at købe eller føre krig, er et svagt folk. Det er afhængigt af sine naboer, det er afhængigt af begivenhederne; det har aldrig andet end en usikker og kort levetid. Det kan ændre sin situation ved at underlægge sig andre stater, eller det kan blive underlagt andre stater og dermed opløses. Det kan kun overleve som uafhængigt, hvis det er stærkt, - eller helt ubetydeligt.

Det forholdstal, der gælder, når areal og befolkningstal passer sammen, kan ikke findes ved en simpel kalkule. Forholdet ændrer sig af mange forskellige årsager. Det ændrer sig alt efter markernes kvalitet, jordens frugtbarhed, hvad der dyrkes på jorden, de klimatiske forhold, og desuden beror forholdet også på landmændenes kompetencer. Nogle høster lidt på en mark, der er frugtbar, andre meget på mager jord. Oven i dette bør kvindernes større eller mindre fertilitet også tages i betragtning, ligesom mere eller mindre gunstige træk hos befolkningen og det behov, landet har for ansøgere til de offentlige stillinger. Alt dette betyder, at man ikke skal basere sin vurdering på det, man ser, men det man forudser, og ej heller stille sig tilfreds med at kende det samlede, aktuelle folketal, men også vide, hvor mange der er i de fødedygtige aldre. Afslutningsvis er der et tusindtal af situationer, hvor særlige hændelser på stedet gør det nødvendigt, eller tillader, at man råder over et større landområde, end man skulle tro var nødvendigt. Således breder man sig over større landområder i bjergene, hvor den naturlige produktion, i skove og på græs, kræver mindre arbejdskraft, hvor erfaringen viser, at kvinderne er mere fertile end i lavlandet, og hvor store arealer på skråninger kun giver samme udbytte som et lille stykke jord på flad mark, som reelt er det eneste areal, hvorpå der kan dyrkes korn og andre afgrøder.

Omvendt kan man bo tættere på hinanden ved kysterne, endda på klipperne og på meget mager sandjord. Det kan man gøre, fordi fisk på disse steder i stort omfang kan erstatte jordafgrøder, og fordi en tæt bebyggelse giver mulighed for at forsvare sig over for pirater, og at man i øvrigt har lettere ved at sende folk til kolonierne i tilfælde af overbefolkning.

Til disse forudsætninger for at et folk kan dannes, må yderligere én tilføjes. Denne forudsætning er ufravigelig, og den kan ikke udskiftes med en anden, og hvis denne forudsætning ikke kan indfries, er alt andet uden betydning. Denne forudsætning er, at landet er præget af rigdom og fred. For i den periode, hvor en stat får bragt sine forhold i orden, er dens evne til at forsvare sig allermindst, og risikoen for at blive ødelagt allerstørst. Det er som en hær, der er under dannelse. Forsvarskompetencen er større under et fuldstændigt kaos end den er midt i en opbygningsproces, hvor alle involverede går mere op i deres egen position i staten end i de farer, der truer denne. Hvis der på dette kritiske tidspunkt startes krige, opstår hungersnød eller gøres oprør, er statens undergang ikke til at undgå.

Til trods for dette er der alligevel en del regeringer, der er blevet dannet under disse voldsomme omstændigheder. Men så er det regeringerne selv, der har nedbrudt staten. Kupmagere skaber selv eller vælger altid urolige tider til at få vedtaget love, der med skræk og forvirring undergraver samfundets funktioner. Det er love, som folket aldrig blot tager roligt til efterretning. Valget af tidspunkt for at sætte disse ting i gang giver den mest sikre indikation på, om et lovforslag er skabt af lovgivningens fædre eller af en diktator.

Hvad er det så for et folk, der er modent til lovgivning? Det er et folk, der selv om det allerede er knyttet sammen af oprindelige fællesskaber, interesser eller aftaler, endnu ikke i egentlig forstand har underlagt sig lovenes begrænsninger. Det er det folk, der ikke har dybt funderede traditioner og overtro. Det er det folk, der ikke lever i frygt for en pludselig invasion fra nabolande, men som kan forsvare sig mod hver af dem eller slå sig sammen med den ene nabo for at holde den anden tilbage, men som ikke selv involverer sig i stridigheder mellem dets naboer. Det folk, der er modent til lovgivning, er det, hvori hvert medlem er kendt af de øvrige, og hvor man ikke er nødt til at pålægge et menneske en større byrde, end et menneske kan bære. Det er det folk, som kan klare sig uden andre folk, og som alle de andre folk kan undvære[14]. Det er det, som hverken er rigt eller fattigt, men kan klare sig selv. Og endelig er det et folk, der forener det gamle folks sammenhængskraft med den tilpasningsdygtighed et ungt folk har.

Det, som gør lovgivning til et vanskeligt projekt, er i mindre grad det, man skal bygge op, end det, som man skal bryde ned; og det, der gør et vellykket lovgivningsprojekt så sjældent, er, at det er umuligt at forene naturens enkelthed med de behov, et retsstyret samfund har. Og sandt at sige, så er alle de krav, jeg lige har nævnt,

[14] Hvis det ene af to nabofolk ikke kunne klare sig uden det andet, ville det stille den ene i en dårlig position, og den anden i en meget farlig. Enhver fornuftig nation ville i den situation, så hurtigt som muligt, sørge for at befri den anden for denne afhængighed. Republikken Tlaxcala, en enklave i Mexico, ville hellere undvære salt end at købe det af meksikanerne, den ville end ikke tage imod det som en foræring. De kloge Tlaxkanere var opmærksom på den skjulte fælde bag en sådan gavmildhed og sørgede for at fastholde deres uafhængighed. Denne lille stat, omsluttet som den var af det store kejserdømme, blev i sidste ende nøglen til dettes undergang.

vanskeligt at finde opfyldt samtidig hos noget folk. Man ser heller ikke mange stater, der har en god forfatning.

Der er dog et land i Europa, som er i stand til at underlægge sig lovgivning, det er øen Korsika. Den styrke og fasthed, som dets tapre folk har generobret og forsvaret sin frihed med, gør det fortjent til at få en forfatningskyndig, der kan lære det, hvordan denne frihed kan beskyttes. Jeg har en forudanelse om, at denne lille ø en dag vil forundre hele Europa.

Kapitel 11

FORSKELLIGE LOVGIVNINGSSYSTEMER

Hvis man undersøger, hvad der er til størst glæde for alle, hvilket må være al lovgivnings mål, så vil man finde ud af, at det kan samles under begreberne *frihed* og *lighed*. Frihed, fordi enhver afhængighed af et andet menneske, er ensbetydende med ressourcer, der ikke står til rådighed for fællesskabet. Lighed, fordi frihed ikke kan opnås uden den.

Frihed i et retssamfund har jeg allerede sagt meget om. Når det drejer sig om lighed, må dette ikke forstås, som at styrke og rigdom er fordelt fuldstændig lige. Den forskel, der er i styrke, skal være så beskeden, at den ikke giver anledning til voldelighed, og den må kun benyttes til gavn for ens opgaver i samfundet eller som følge af lovgivningen. Hvad angår rigdom betyder lighed, at ingen borger må være så rig, at han kan købe en anden borger, og ingen borger må være så fattig, at han er nødt til at lade sig sælge[15]. Dette

[15] Hvis I gerne vil stabilisere et samfund, må I få de ekstreme kræfter til at nærme sig hinanden så meget som muligt. Find jer ikke i slyngler eller i folk der blæser sig op. De to typer, der er hinandens forudsætninger, er begge lige

forudsætter stor tilbageholdenhed med hensyn til ejendom og kredit, fra de riges side, og at nærighed og pengegriskhed ikke tager overhånd hos de små i samfundet.

Lighed, siger nogen, er et spekulativt misfoster, som ikke kan realiseres i den virkelige verden. Men selv om ulovligheder er uundgåelige, betyder det så også, at man ikke skal forsøge at begrænse dem? Netop fordi der altid vil være kræfter, der forsøger at ødelægge ligheden i samfundet, er det vigtigt, at lovgivningen altid forsøger at fastholde den.

Men disse generelt formulerede mål for god, offentlig virksomhed må tilpasses det enkelte lands særlige forhold, herunder indbyggernes særpræg. Derfor må hvert land udforme de systemer for det offentlige, som er de bedste for dette specifikke land. Jeg kan nævne nogle af de særlige forhold, der skal tages i betragtning: Er jorden gold og uproduktiv, eller er landet overbefolket? Så må landet omlægges til industri og kunsthåndværk, og de fabrikerede varer kan så ved handel veksles til de varetyper, der er brug for. Omvendt, er landets marker frugtbare og bjergsiderne dyrkbare? Er der for få indbyggere, hvor jorden er god? Her må man gøre, hvad man kan, for at udvikle landbruget, og derved forøge befolkningstallet og fortrænge de produktioner, som før eller siden vil affolke landet. Samtidig må man samle de få indbyggere, der er, på nogle ganske få lokaliteter[16]. Har landet lange og tilgængelige kyststrækninger?

ødelæggende for det fælles bedste. Den ene slags skaber behovet for diktatorer, den anden leverer diktatorerne. Det er altid i et spil mellem disse typer, at folkets frihed sættes til salg, den ene formidler salget, den anden nyder frugterne.

Nogle dele af udenrigshandelen vokser kun, siger M. d'Argensson, når der fortælles urigtige historier, om alle de fordele udenrigshandelen har for kongeriget i sin helhed. Det kan være at udenrigshandelen kan gøre en del folk

Invester da i skibsfartøjer, og giv handel og skibsfart udviklingsmuligheder. Så vil folk få et liv, der er strålende og kortvarigt. Skyller havet kun ind på stenede og næsten utilgængelige kyster? Nyd dagdriverlivet, og spis fisk, når sulten gnaver. Så bliver livet roligere og måske bedre og helt sikkert et, der er mere lykkeligt. Kort sagt, så knytter der sig til hvert land nogle specifikke forhold, der tvinger folk til en særlig adfærd. Det betyder, at ud over de grundregler, der er fælles for alle lande, skal de have nogle særregler, som gør deres lovgivning god for dem alene. Det er på den måde, at hebræerne, - og araberne noget senere- , har haft religionen, som deres vigtigste element, på samme måde som athenienserne har haft litteraturen, Kartago og Tyrus handelen, Rhodos søfarten, Sparta krigsførelsen og Rom moralen. Forfatteren til *l'Esprit des Lois* (Lovenes Ånd) har med utallige eksempler vist, hvordan lovgiverne har designet de offentlige institutioner efter hvert sit emne.

Et lands forfatning vil for alvor blive solid og holdbar, når man har haft blik for sammenhænge, så de naturbetingede forhold og lovgivningen er i overensstemmelse med hinanden, og at sidstnævnte så at sige kun understøtter, bistår og justerer forholdene. Men hvis den, der skriver loven, fejlvurderer det land, loven er for, og derfor anlægger nogle principper for lovgivningen, der ikke relaterer sig til de faktiske forhold i landet, f.eks. således at en lov retter sig mod tjenestefolkene, en anden mod friheden, en mod rigdommen, en anden mod befolkningen, en mod freden, en anden mod erobringer. Hvis det sker, vil man se at lovgivningen lidt efter

---

rige, endda hele byer, men nationen som helhed får intet ud af det, og folket heller ikke.

lidt svækkes, at forfatningen mister fodfæste, og at statsmagten bliver mere og mere hektisk, indtil den falder fra hinanden eller bliver udskiftet og den uovervindelige natur genindtager sit herredømme.

Kapitel 12

LOVKATEGORIER

Når helheden skal indrettes, eller når den bedst mulige form for det offentlige skal vælges, er der en række forhold, der skal overvejes. Først og fremmest er der hele den offentlige sektors aktiviteter i forhold til sig selv, det vil sige helhedens forhold til helheden, eller statsmyndigheden over for staten, og dette forhold er sammensat af forhold mellem forskellige mellemled, som vi vil se i det følgende.

De love, der regulerer de nævnte forhold, hedder forvaltningslove, og kaldes også hovedlovene, ikke uden grund, hvis de er udformet klogt. For hvis der i hvert land kun er en god måde at indrette sig på, må det folk, der har fundet frem til den, holde fast i den, men hvis lovkomplekset er dårligt, hvorfor skulle man så opfatte en lov, som hovedlov, hvis den forhindrer en i at få et godt? Men i øvrigt, så har et folk, uanset hvad, retten til at ændre dets love, selv hvis de er de bedste, for hvis et folk godt kan lide at skade sig selv, hvem skulle så have ret til at forhindre det.

Den anden relation, som love skal regulere, er forholdet borger og borger imellem, eller forholdet mellem borgerne og det offentlige. Reguleringen af det første forhold bør være så svag som mulig, og af det sidstnævnte så omfattende som muligt. Det skal forstås på den måde, at den enkelte borger må være fuldt uafhængig af sine medborgere, men samtidig have et tæt afhængighedsforhold til staten. Begge dele opnås med de samme midler, for det er kun statens styrke, der kan sikre borgernes frihed. De love, der er sat i verden for at regulere disse relationer, kalder vi den borgerlige ret.

Man kan finde en tredje slags relation mellem mennesket og loven, nemlig forholdet mellem ulydighed og straf. Denne relation finder sit udtryk i kriminallovene. Disse er dybest set ikke en særskilt lovkategori, men en gruppe love, der bestemmer den sanktion, der idømmes ved brud på alle de andre love.

Til disse tre typer af love kan knyttes en fjerde, som er den vigtigste af dem alle. Den indgraveres ikke i marmor eller malm, men i borgernes hjerter; den er den egentlige statsforfatning. For hver dag bliver den stærkere; den genopliver og supplerer de øvrige love, når de svækkes eller mister al kraft, den fastholder folket i tiltroen til fællesskabet, og den erstatter lidt efter lidt vanens magt med autoritetens. Det jeg taler om, er sæder, skikke og ikke mindst, den almindelige opfattelse, opinionen; Det er noget, der er skjult for vores politikere, men som alle andre menneskers succes afhænger af; det er det, den store lovgiver har taget med i al hemmelighed, mens han ser ud, som han begrænser sig til de specifikke lovbestemmelser, som i virkeligheden blot er hvælvingens stillads, mens moral og værdier, som det tager lang tid at udvikle, udgør slutstenen, der varigt sikrer hvælvingen.

Blandt disse forskellige typer af lovgivning er forvaltningslovene, som sætter rammerne for statens styrelse, de eneste som er relevante i forhold til mit emne.

Slut på Bog II

Navneindex

Kong **Adam.** Skabelsesberetningen i Bibelens Gamle Testamente kalder jordens første menneske for Adam.

Argenson, René, Louis, D' (1694-1757). Udenrigsminister fra 1744 til 1747, politisk skribent som var positiv over for oplysningsfilosofferne.

Aristoteles (384-322 f. Kr.). Græsk filosof.

Barbeyrac (1674-1744). Oversætter og fortolker af fra Pufendorf. Påvirket af Lockes liberalisme.

Bodin, Jean (1530-1596). Dommer og politisk filosof. Forfatter af forskellige skrifter om historie, politik og retslæreøkonomi. Hovedværk : *Six livres de la Republique* (Seks bøger om Republikken), med særlig vægt på begrebet "Le Souverain" (Myndigheden), som den der skaber lovene.

Nunez Balboa (1425-1519). Spansk opdagelsesrejsende, guvernør.

Bossuet (1627-1704). Fransk prædikant, skribent.

Privatlærer for Ludvig XIV's kronprins, til hvem han skrev: *La politique tirée des propres paroles de l'Écriture Sainte* (politik som beskrevet af den hellige skrifts egne ord).

Historien er en åbenbaring af Guds vilje. Kongedømmet er indstiftet af Gud.

Buffon, Georges, Louis Leclerc, Comte de (1707- 1788), Fransk greve. Naturforsker. Skribent. Om naturen og naturmennesket

Caligula, (Gajus Cæsar) (12-41). Formelle navn Gajus Cæsar. Romersk kejser fra 37-41.

Calvin, Jean (1509-1564). Franskfødt, schweizisk teolog. Kirkelig reformator. Grundlægger af calvinismen og den reformerte kirkes troslære.

Cicero, Marcus Tullius (106-43 f. Kr.). Romersk skribent og politiker.

Descartes, René (1596-1650). Fransk filosof og matematiker. Hans udgangspunkt var tvivlen om alt.

Diderot, Denis (1713-1784). Fransk forfatter, filosof og kunstkritiker. Hovedredaktør af den franske *Encyklopædi* (1751-72)

Epinay, Louise, Florence, Pétronille, Mme d' (1726-1783) . Diderots veninde.

Filmer, Robert (1588-1653). Engelsk forfatter, Teorier om enevælden

Filon af Aleksandria (ca. 10 f.Kr.-40 e.Kr.). Græsk-jødisk filosof.

Grimm, Friedrich, Melchior, Baron (1723-1807). Baron. Tysk litterær. Kritiker

Georg I (1660-1727). Konge af Storbritannien og Irland 1714-27)

Grotius, Hugo de Groot (1583-1645). Nederlandsk retsfilosof, teolog. Forfatter til et hovedværk i folkeretten: *Du droit de la guerre et de la paix* (Om retten i krig og fred) (1625) Ideerne er baseret på naturret. Han argumenterer for enevælde, retten til at erobre.

Fængslet i Holland, flygtet til Frankrig, understøttet af Louis XIII. Svensk ambassadør i Frankrig.

Staten er baseret på en aftale mellem menneskene.

Vilhelm I, Erobreren (1027-87). Konge i England fra 1066-87

Helvetius, Claude Adrien (1715-1771). Fransk oplysningsfilosof. Materialistisk og ateistisk filosofi. Egoismen er menneskets eneste drivkraft.

Hobbes, Thomas (1588-1679). Engelsk filosof. For at undgå alles krig mod alle i naturtilstand overdrages i enighed magten og beskyttelsen til staten, *Leviathan,* det pansrede vidunder.

Holbach, Paul, Dietrich, Baron d' (1723-89). Tysk-fransk skribent og oversætter fra engelsk og tysk til fransk af videnskabelige skrifter, bl.a. til den franske Encyklopædi. Forfatter til *Système de la nature* (Naturens system), et ateistisk og materialistisk skrift.

Ismael. Ifølge Bibelens Gamle Testamente var Ismael Abrahams søn. Opfattedes af Muhamed som arabernes stamfar.

Jakob II (1633-1701). Konge af England 1685-88.

Kyklop. Græsk sagnfigur i Homers *Odysseen og Iliaden. Enøjet kæmpe der holdt Odysseus og hans mænd fangne*

Locke, John (1632-1704). Engelsk filosof, pædagog og læge. Forfatter til *Two Treatises of Government,* (1690). Staten er oprettet ved en pagt mellem indbyggerne og skal værne om hele befolkningen.

Ludvig IX (1226-1270). Fransk konge

Ludvig XIII (1601-43). Fransk konge

Lykurgos (800-tallet f. Kr.). Spartansk lovgiver

Machiavelli, Niccolo (1469-1527). Italiensk statsmand og filosof

Malesherbes, Guillaume de Lamoignon de (1721-1794). Fransk dommer, minister under Ludvig XVI.

Minos. Efter græsk mytologi, konge over Kreta, en stor lovgiver, søherredømmets skaber.

Montesquieu, Charles de Secondat, Baron de la Brede et de (1689-1755). Dommer og filosof med det politiske hovedværk *L'Esprit des Lois* (1748) da. *Lovenes ånd* (1770-71) om magtens tredeling.

Kejser **Noa.** Mytisk person fra Bibelens gamle Testamente og Koranen. Knyttes til *Syndfloden* og *Noas Ark.*

Numa Pompilius (omkring 700 år f. Kr.). Romersk konge

Peter den Store (1672-1725). Russisk Zar 1682-1725

Platon (428-348 f. kr.). Græsk filosof og matematiker. Hans statslære kendes fra skrifterne *Republikken, Lovene, Politikken*

Pufendorf, Samuel von (1632-1694). Tysk jurist og historiker. Professor i naturret. Hovedværk *De Jure Naturae et Gentium* (om Naturens og Folkenes ret) (1672)

Robinson Crusoe. Romanfigur i bog af samme navn. Forfatter: Daniel Defoe.

Rabelais, Francois (1495- 1553). Fransk munk, humanistisk forfatter

Saturnus. Romersk frugtbarhedsgud

Servius Tullius (6. årh f. Kr.) . Roms sjette konge, Lovgiver.

Solon (omkring 640 – 558 f. Kr.). Athensk statsmand. Græsk vismand

Tronchin, Jean-Robert (1710-1793). Jurist Geneve, statsanklager

Ulysseus , et andet navn for **Odysseus.** Konge og krigsfører i den græske mytologi. Er en hovedfigur i Homers Odysseen og Iliaden

Voltaire, François de (1694-1778). Fransk forfatter, oplysningsfilosof.

Warburton, William (1698-1779). Engelsk forfatter, litterær kritiker og biskop. *Alliance between Church and State*,

KRONOLOGI
JEAN-JACQUES ROUSSEAU

1712	28. juni. Rousseaus fødsel. Geneve.
1722	I pleje hos præstefamilie.
1724	Bor hos sin onkel
1725	I lære som gravør
1728	Rejser fra Geneve til Torino i Norditalien. Mister sit statsborgerskab i Geneve.
1731	Efter kortvarige ophold i Lyon, Neuchatel og Paris bosætter han sig i Chambary Frankrig.
1740	Hjælpelærer i Lyon.
1742	Præsenterer et nyt musiknodesystem for l'Académie des sciences.
1743	Kemistudier. Udgiver *Dissertation sur la musique moderne.*(afhandling om den moderne musik). Sekretær for den franske ambassadør i Venedig.
1744	I Venedig skrives det første udkast til *Institutions politiques* (Politiske institutioner). Dette arbejde, som aldrig blev afsluttet, indgik senere i værket *Den sociale Kontrakt.*

1745	Rousseau knytter kontakt til Diderot og andre intellektuelle i kredsen omkring den franske *Encyklopædi*
1747	Udarbejder *Institutions chymiques* (kemi -)
1749	Skriver artikler om musik til Encyklopædien.
1750	Rousseaus første større værk uden for musikkens område: *Discours sur les Sciences et les Arts* (Tanker om videnskab og kunst), blev præmieret af Akademiet i Dijon. Udgivelsen gjorde Rousseau kendt og gav anledning til stor debat.
1752	Rousseau var udøvende musiker og komponist. Hans opera, *Le Devin de village*, (Devin fra landsbyen) blev opført for den franske konge, Ludvig den 15.
1754	Rousseau genvinder sit statsborgerskab i Geneve
1772	Han skriver *Dialogues de Rousseau juge de Jean-Jacques* (Dialoger, Rousseau som Jean-Jacques' dommer). Udgivet efter hans død.
1776-1778	Skrivning af *Les Rêveries du promeneur solitaire* (Den ensomme vandrers drømmerier). Udgivet efter hans død.
1778	Rousseau er gæst hos Marquis de Girardin i Ermenonville, hvor han dør den 2. juli.
1794	Rousseaus båre føres til Panthéon i Paris.

Udvalgte citater fra Rousseau: *Den sociale kontrakt*

Om Frihed

Side 14: Frit var mennesket, da det blev skabt, og nu er mennesker overalt lagt i lænker. Det gælder også dem, der føler sig som herrer over andre, bare fordi de har undgået at få en hårdere slavetilværelse end disse. Hvordan er denne forandring gået for sig? Jeg ved det ikke. Kan der være gode grunde til at forandringen er sket? Jeg tror, jeg kan finde et svar på dette spørgsmål.

Side 19-20: Selv om den enkelte vil kunne afhænde sin egen frihed, kan han ikke afhænde sine børns; de fødes som mennesker og som frie; deres frihed tilhører dem selv, ingen andre end de selv har ret til at råde over deres frihed. Indtil børn har nået myndighedsalderen, kan forældrene, i børnenes navn, fastsætte deres levevilkår og velfærd; men de kan ikke give dem væk, uopretteligt og betingelsesløst; for en sådan donation er i modstrid med naturens mening og overskrider forældreretten.

Side 20: At give afkald på sin frihed betyder, at man opgiver sin identitet som menneske, sine menneskerettigheder og såmænd også sine pligter som menneske. Der er ingen som helst mulighed for at genoprette skaden for dem, der har frasagt sig alt. At frasige sig sin egen frihed er imod den menneskelige natur; og at fjerne menneskets frihed til at tage beslutninger fjerner også alle etiske krav til dets handlinger.

Om den sociale kontrakt og samfundet.

Side 26:"Hvorledes kan vi finde frem til en form for sammenslutning, som med al sin fælles kraft forsvarer og beskytter sine medlemmer og disses aktiver, og som danner rammen for, at den enkelte slår sig sammen med alle de andre og alligevel kun adlyder sig selv og forbliver lige så fri som førhen?" Det er dette fundamentale spørgsmål, som den sociale kontrakt giver svaret på.

Side 30::At borgere og stat har fælles interesser, betyder ikke i sig selv, at staten kan regne med, at borgerne som enkeltpersoner vil opfylde deres forpligtelser. Her må staten have magtmidler, der kan sikre den enkeltes loyalitet.

Side 31: Det enkelte individ kan, som privatperson, ønske at gøre noget, som er i modsætning til eller uforeneligt med det, som individet, som samfundsborger, ønsker skal ske. Individets interesser som privatperson kan være nogle helt andre end fællesskabets. Den enkeltes uindskrænkede, og af natur, uafhængige eksistens, kan give vedkommende en opfattelse af, at de goder, som fællesskabet har givet ham, er gratis, og at udgifterne er lettere at bære for andre, end de er for ham selv. Og når han desuden opfatter den juridiske person, staten, som en abstraktion, fordi det ikke er et menneske, nyder han sine borgerrettigheder uden at ville påtage sig pligterne. Et sådant misbrug vil, hvis det får lov at udvikle sig, kunne ruinere det offentlige.

Side 30: Fra det øjeblik ….mennesker er forenet i en fælles enhed, ……kan man ikke krænke et af dets medlemmer, uden at det samtidig opfattes som et angreb på helheden; endnu mindre kan man krænke helheden, uden at det angår alle de enkelte medlemmer.

Side32: Den sociale kontrakt indebærer, at mennesket mister friheden som naturmenneske og dermed dets ubegrænsede ret til alt, hvad det har lyst til, og som det kan få fat i. Det som mennesket vinder, er friheden i et samfund, der er baseret på ret, og som sikrer ejerskabet til det, vedkommende besidder.

Side 37: Det er de punkter, som de forskellige særinteresser er enige om, der skaber de samfundsmæssige bånd, og var der ikke noget som helst, der var enighed om, ville intet samfund kunne eksistere. Det er således kun på denne fælles interesses grund, at et land kan regeres.

Side 42: Men når folket starter intriger og skaber grupper for dele af folket på helhedens bekostning, vil hver af disse gruppers ønsker blive den almene vilje for gruppens medlemmer, men udtrykke en særinteresse set fra statens side.

Side 42: Hvis man skal have et klart udtryk for den almene vilje, er det altså vigtigt, at der ikke er subsamfund i staten, og at den enkelte borger ikke retter sin mening ind efter andre.

Side 46-47: Mennesket har frasagt sig muligheden for at gøre andre mennesker skade mod at opnå en personlig sikkerhed, og det har givet afkald på dets egen styrke - som andre kunne overvinde - mod at få den retfærdighed, som det sociale fællesskab sikrer. ....og når borgerne ....går .. ind i de kampe for nationen, der er uundgåelige, vil de så ikke også her forsvare, med døden som indsats, det som gør, at de kan overleve?

Om stat og individ

Side 46: På denne måde kan man se, at statsmyndigheden, lige så fuldstændig, ophøjet og uanfægtelig, den end måtte være, ikke overskrider, ikke kan og ikke må overskride den grænse, der udgøres af fællesskabsaftalerne. Det betyder, at ethvert menneske kan disponere fuldt ud over det, som han råder over af aktiver og frihed ifølge disse aftaler. Således har staten aldrig ret til at bebyrde én undersåt mere end andre, for hvis det sker, bliver sagen en enkeltsag, og dermed er fællesskabets magt ikke længere gældende.

Side 43-44: Alt det, som en borger kan yde over for samfundet, skal han levere, så snart staten beder om det; men staten kan, på den anden side, ikke pålægge undersåtterne nogen byrde, der ikke er til nytte for samfundet; statsmagten kan end ikke ønske at gøre det. For når fornuften råder, vil der være en grund til det, der sker.

Side 51: Når jeg siger, at lovens genstand altid er af generel karakter, mener jeg dermed, at en lov beskæftiger sig med undersåtterne som gruppe og beskriver handlinger abstrakt. Lovene omhandler aldrig enkeltindivider eller specifikke handlinger. En lov kan meget vel bestemme, at der skal være visse privilegier, men den kan aldrig give dem udtrykkeligt til nogen bestemt person; …….. Loven kan bestemme, at nationen skal være et kongedømme, og hvorledes en arvefølge skal se ud, men den kan ikke bestemme, hvem der skal være konge, og heller ikke, hvem der skal indgå i kongefamilien. Det kan siges kort: Alt det, der vedrører et konkret enkeltemne eller enkeltperson henhører ikke under lovgivningsmagten.

Side 62: …..(E)n lille stat er normalt forholdsmæssigt stærkere end en stor.Der er tusindvis af grunde til, at denne sammenhæng gør sig gældende. For det første bliver administrationen mere besværlig, jo længere afstandene bliver, på samme måde som et lod bliver tungere for enden af en længere vægtstang. Administrationen bliver også dyrere, jo flere niveauer der er. For hver by har en administration, som folket skal betale for; det samme har hvert amt og oveni kommer så betalingen til regioner, statsapparater, grevskaber, vicekongedømmer. Læg dertil, at administrationsudgifterne bliver dyrere og dyrere, jo højere i systemet man er. Så regningen for alle disse niveauer bliver stor, og det uheldige folk skal betale. Endelig er der så den alleøverste administration, der tager det sidste. Overbeskatning er en vedvarende økonomisk belastning for undersåtterne, og styrets mange led fører langtfra til en bedre ledelse. Den er dårligere, end den ville være med kun én overordnet myndighed. Næsten alle pengene går til administration, der er kun lidt til ekstraordinære situationer, og når de så opstår, bliver staten hver gang bragt på kanten af bankerot.

Om krig

Side 21-22: Krigen er således ikke et mand-til-mand forhold, men et forhold mellem stater. I en krig er privatpersoner kun fjender på grund af omstændighederne. De er det ikke som mennesker, end ikke som borgere, men som soldater. De er det ikke som indbyggere i et fædreland, men som dets forsvarere. Kort sagt, en stat kan kun være i krig med en anden stat, ikke med dets folk.

Side 22: En fremmed, det være sig en konge, en privatperson eller et folk, som stjæler, dræber eller tilfangetager den almindelige borger i et andet land uden at have erklæret krig over for landets leder, er ikke en fjende, det er en forbryder.

Side 22: Da krigens mål er at ødelægge den fjendtlige stat, har man retten til at dræbe de soldater, der med våben i hånd forsvarer fjenden; men så snart soldaterne nedlægger våbnene og overgiver sig, og dermed ophører med at være fjender eller fjendens redskaber, bliver disse igen blot mennesker, og man har ikke længere retten over deres liv. Undertiden kan man tage livet af en stat uden at tage livet af en eneste af dens borgere. Men krigen giver ikke ret til at gøre noget, der ikke er nødvendigt for at opnå krigens formål.

Side 46-47: Mennesket har frasagt sig muligheden for at gøre andre mennesker skade mod at opnå en personlig sikkerhed, og det har givet afkald på dets egen styrke - som andre kunne overvinde - mod at få den retfærdighed, som det sociale fællesskab sikrer. .....(Når borgerne ..... gå(r) ind i de kampe for nationen, der er uundgåelige, vil de så ikke også her forsvare, med døden som indsats, det som gør, at de kan overleve?

Side 47: Alle skal, når det er nødvendigt, kæmpe for fædrelandet, det er sandt; men det er også sandt, at ingen længere behøver at kæmpe alene for sig selv. Vindes der ikke mere ved at løbe en risiko for noget, der giver os en sikkerhed, der er større, end hvis vi selv alene skulle kæmpe for vores liv?